LETRA CAPITULAR
(ARTÍCULOS PUBLICADOS)

JUAN MANUEL BORRERO

Edición digital en tapa blanda: Abril, 2019

© Juan Manuel Borrero

Maquetación: Juan Manuel Borrero.
Fotografía de cubierta: © foto free
Diseño de portada: Asistente para portadas de Amazon

ISBN para la edición digital tapa blanda : 9781091760936
Depósito Legal : H 228 - 2019

A MANERA DE PRÓLOGO.

Mi contacto con el mundo de la prensa escrita tuvo un origen circunstancial. Corría el inicio de 1989 y , con una diferencia temporal de dos meses, diría casi sin solución de continuidad, gané dos importantes certámenes literarios. El primero, el Premio Nacional de Relatos Ciudad de Algeciras, merced al opúsculo " **La del Alba sería...** *"; el segundo, el Premio Andalucía de Novela -convocado por Espasa Calpe-, con mi primera novela "* **La Luna Blanca de Chesed**"*. Pocos meses antes, había publicado mi ópera prima "* **Relatos Heterodoxos**"*, de la mano de "Cuadernos de Al-Andalus", una pequeña editorial que, dirigida por Domingo Faílde, tenía su sede en la librería "El Libro Técnico" de Algeciras, asimismo ateneo esporádico de los miembros del pujante y numeroso grupo literario algecireño de la época. En el seno de aquel magma cultural, nació todo. Llevaba ya algo más de dos años editándose "* **Europa Sur**" *-periódico del grupo Jolí, del que era Redactor Jefe nuestro cofrade Juan José Téllez-, cuando, de la mano del mencionado Faílde (amigo, inquieto promotor cultural y mejor poeta) me vi en*

*labores de articulista (bajo el seudónimo Polifemo [1],
sección "**El ojo del cíclope**") entre las páginas de "**La Isla**", Revista Cultural del diario. Del mismo modo, en
alguna ocasión puntual, sustituí la columna por algún
trabajo mas consistente y divulgativo, como fue el caso de
"**101 años de horror**", dedicado a la memoria de Lovecraft
y del grupo de escritores reunidos en torno al fenómeno
literario de "**Los Mitos de Cthultu**". Desgraciadamente,
mi implicación en aquella aventura fue efímera, ya que, por
mor de un traslado profesional, dejé mi Cátedra de Matemáticas del entonces Instituto Mixto 2 (antiguo femenino)
de Algeciras, para ocupar la misma plaza en el Instituto de
Bachillerato a Distancia de Sevilla, que por entonces tenía
su sede en la extinta Universidad Laboral, campus actual
de la Universidad Pablo de Olavide.*

*La siguiente etapa fue necesariamente breve y cir-
cunstancial. Sin ayudas políticas ni institucionales, en
tierras del Andévalo se inició una loca [2] aventura editorial
substanciada como periódico comarcal, con periodicidad
primero quincenal y luego mensual. De la mano de José
Domingo Mora, había nacido "**La Villa**", en la que pronto
me vi colaborando (como en todos los casos anteriores y*

---

1. En su origen, el seudónimo tuvo intencionalidad de ser usado colec-
tivamente -así se expresa en el primero de los artículos aparecidos-,
aunque, finalmente, fue de uso exclusivo para el autor de este trabajo.

2. No se entienda el término como despectivo. Se adjetiva así por la
más que probable quiebra del proyecto por falta de financiación y
escasísima difusión. Era la crónica de una muerte anunciada.

4

posteriores, de forma altruista) por mi implicación con la tierra que me vió nacer. Mis trabajos se produjeron de forma esporádica, y casi siempre en algún tema local que interesaba al paisanaje, a quien consideraba necesario ilustrar con la precisión de los datos y argumentos.

La última etapa - breve, por necesidad, pero intensísima en su desarrollo- la constituyó mi colaboración con *"Huelva Noticias"*, separata del diario nacional *"El Mundo"*. De colaboraciones iniciales en la sección "Tribuna Libre", pasé en cuestión de meses a ocupar la tercera página con la columna semanal *" El Rincón del Fraile"*, en la que mi alter ego Fray Gerundio de la Carcoma pasaba mordaz revista a temas locales, provinciales e incluso nacionales. De la frescura de aquellas columnas da fe la validez y permanencia de muchas de las opiniones e ideas expresadas. Junto a ellas los temas de política local y provincial fueron escudriñados por el inmisericorde fraile escondido en su virtual convento andevaleño, lo que acabaría acarreándome no pocos detractores -cuando no enemigos- entre la clase política.

LA ISLA

SUPLEMENTO CULTURAL DE EUROPA SUR

El Ojo del Cíclope *Suplemento Cultural la Isla. 28 Mayo 1989*

Zeus versus Poseidón

Amparada en el hechizo de la rapsodia IX de la Odisea, «LA ISLA» abre una nueva sección. Desde la brevedad de cincuenta líneas acogidas en las páginas dominicales, el colectivo «Polifemo» proporcionará su visión caleidoscópica de los personajes y eventos de nuestro entorno. Sutil como Ulises o iracundo como el propio cíclope, la nueva columna pretende una sana complicidad con el lector inteligente. Exenta de acritud o amarillismo, elige como armas en este duelo imaginario con la actualidad, el humor, la comparación mitológica y el sarcasmo histórico que puedan caber en las buenas maneras literarias. Hijos de Larra, seguros de la necesidad de un análisis culturalista, el colectivo que la hará posible dilatará su pupila para entrever miserias y actitudes entre las bambalinas de esta feria de vanidades. Una única licencia habremos de permitirnos. Si fue menester, basados en la fortaleza de los silogismos, o quien sabe si en el dislate de las actitudes de los personajes, dictaremos, como los irascibles dioses en sus dominios del Olimpo, condenas tan imaginarias como ejemplificadoras.

Tal es nuestro intento.

CUALQUIERA que leyere las páginas del rapsoda Homero, sabría de los temores de Zeus, señor del Olimpo, contra Poseidón, dios del mar. Mas, diluida en el tiempo la saga de los dioses griegos, encerradas sus querellas en polvorientos libros o en mentes de eruditos, personajes actuales de la política local se empeñan en suplantar con sus acciones y actitudes a tan lejanos personajes.

Cuentan, que ante la orden del Zeus algecireño paralizando ciertas obras en los linderos de los dominios del mar, el tridente del Poseidón de la Junta de Obras del Puerto, desató las Fu-rias y abrió la temible caja de Pandora.

Los argumentos fueron durante días moneda ocmún de los rapsodas. Según Zeus, vulnerando ciertos acuerdos y en contraposición con las previsiones del Plan General, Poseidón había dado vía libre a costosísimas obras que ponían en peligro la ordenación futura del Olimpo.

Por contra, los silogismos del regente de las olas, avalados en promesas de más altas entidades, incidían en la necesidad de alterar y humanizar el paso migratorio de los hijos del Atlas, lugar más allá del Jardín de las Hespérides.

Nada habría de objetar «El Ojo del Cíclope» si la querella se limitase al entorno celestial. Hubiésemos visto con agrado el sonar de las cítaras y el baile de las musas acompañando cordiales dimensiones incluso, si fuese imprescindible, batirían nuestras palmas la presencia de augures terciando en la disputa.

Mas, no sería así el discurrir de los hados. Aprovechando la vasta audiencia a sus palabras, Poseidón abrió la caja de los truenos; puso en solfa, desde los gastos en la cuadriga que usaba Zeus en sus transportes celestiales, hasta la calidad de los aposentos que le protegían de la ira de Eolo.

Ante la hilaridad de Prometeo, el Cancerbero ladró su lúgubre ladrido, y Baco, aprovechando lo exhausto de su copa, exclamó:

—¡Menuda leche!. Si son de la misma familia, ¿por qué no acuden al Tribunal de Hermes?

Hasta aquí, la historia que los mortales pudimos entrever. Pero, a instancias de Cíclope, hubimos de visitar el santuario de la profetisa Sibila en la búsqueda de verdades absolutas. Tras aspirar el humo de Pyto, éste fue su ignoto oráculo: «Allende el Olimpo, dioses más poderosos libran terrible batalla. ¡Zeus y Poseidón son sólo sus paladines a la entrada de las columnas de Hércules!».

Del colectivo «Polifemo», forman parte diversos escritores, profesores e intelectuales, residentes en Algeciras.

Texto Programático de la columna "El Ojo del Cíclope"

Amparada en el hechizo de la rapsodia IX de la odisea, "LA ISLA" abre una nueva sección. Desde la brevedad de cincuenta líneas acogidas en las páginas dominicales, el colectivo Polifemo proporcionará su visión caleidoscópica de los personajes y eventos de nuestro entorno. Sutil como Ulises o iracundo como el propio cíclope, la nueva columna pretende una sana complicidad con el lector inteligente. Exenta de acritud o amarillismo, elige como

9

armas en este duelo imaginario con la actualidad, el humor, la comparación mitológica y el sarcasmo histórico que puedan caber en las buenas maneras literarias. Hijos de Larra, seguros de la necesidad de un análisis culturalista, el colectivo que lo hará posible dilatará su pupila para entrever miserias y actitudes entre las bambalinas de esta feria de vanidades. Una única licencia habremos de permitirnos. Si fuese menester, basados en la fortaleza de los silogismos, o quien sabe si en el dislate de las actitudes de los personajes, dictaremos, como los irascibles dioses en sus dominios del Olimpo, condenas tan imaginarias como ejemplificadoras. Tal es nuestro intento.

"Zeus versus Poseidón"
(Texto)

Cualquiera que leyere las páginas del rapsoda Homero, sabría de los temores de Zeus, señor del Olimpo, contra Poseidón, dios del mar. Mas, diluida en el tiempo la saga de los dioses griegos, encerradas sus querellas en polvorientos libros o en mentes de eruditos, personajes actuales de la política local [3] se empeñan en suplantar con sus acciones y actitudes a tan lejanos personajes.

Cuentan que, ante la orden del Zeus algecireño paralizando ciertas obras en los linderos de los dominios

---

3. Se hacía referencia en el artículo a las discrepancias surgidas entre los titulares de la Junta de Obras del Puerto y la Alcaldía de Algeciras (ambos del PSOE), a propósito de la ampliación del Llano Amarillo para utilizarlo como aparcamiento en la operación Paso del Estrecho, ya que podría vulnerarse la legalidad derivada del PGOU de la ciudad.

del mar, el tridente del Poseidón de la Junta de Obras del Puerto, desató las Furias y abrió la temible *Caja de Pandora.*

Los argumentos fueron, durante días, moneda común de los rapsodas. Según Zeus, vulnerando ciertos acuerdos y en contraposición con las previsiones del Plan General, Poseidón había dado vía libre a costosísimas obras que ponían en peligro la ordenación futura del Olimpo.

Por contra, los silogismos del regente de las olas, avalados en promesas de más altas entidades, incidían en la necesidad de aligerar y humanizar el paso migratorio de los hijos del Atlas, lugar más allá del Jardín de las Hespérides.

Nada habría de objetar el "Ojo del Cíclope" si la querella se limitase al entorno celestial. Hubiésemos visto con agrado el sonar de las cítaras y el baile de las musas acompañando cordiales disensiones; incluso, si fuese imprescindible, batirían nuestras palmas la presencia de augures terciando en la disputa. Mas, no sería así el discurrir de los hados. Aprovechando la vasta audiencia a sus palabras, Poseidón abrió la caja de los truenos: puso en solfa desde los gastos de la cuadriga que usaba Zeus en sus transportes celestiales, hasta la calidad de los aposentos que le protegían de la ira de Eolo.

Ante la hilaridad de Prometeo, Cancerbero ladró su lúgubre ladrido, y Baco, aprovechando lo exhausto de su copa, exclamo:

«¡Menuda leche! Si son de la misma familia, ¿por qué no acuden al tribunal de Hermes?

»Hasta aquí la historia que los mortales pudimos entrever. Pero, a instancias de Cíclope, hubimos de visitar el santuario de la profetisa Sibila, en la búsqueda de verdades absolutas. Tras aspirar el humo de Pyto, éste fue su ignoto oráculo: Allende el Olimpo, dioses más poderosos libran terrible batalla. ¡ Zeus y Poseidón son sólo sus paladines a la entrada de las columnas de Hércules!»

El ojo del Ciclope: Azar y tránsfugas

EUROPA SUR   POLIFEMO *   24-05-89

EL OJO DEL CÍCLOPE
"Azar y tránsfugas"
(Entradilla)

Los tránsfugas en política están de moda, y al hilo de esta actualidad, el colectivo Polifemo ha querido desarrollar, no sin cierto humor, una serie de consejos para interesados en subirse al tren de los cambios de formación política, en base a un supuesto cambio ideológico de su formación originaria. Ofrecen su ayuda para obtener frutos sustanciosos.

13

(Texto de la columna)

Desde el pasado siglo, prescindiendo de otras etnias de variado pelaje, nuestras gloriosas abuelas consideraron el *sumun* de la suerte casar a una de sus hijas con un notario o un ingeniero de caminos. Años después, establecido el fútbol como nuevo circo romano y sobreseída la pulcritud de los títulos en beneficio de los especuladores, todos construimos nuestras esperanzas sobre la base de los malditos unos, equis y doses que, dicho sea de paso, siempre se nos mostraron esquivos. Y así, en detrimento de lánguidos paseos por alamedas cargadas de muchachas en flor o de subrepticias lecturas de Nietzche, defenestramos tardes de domingo oyendo goles sin cuento o fallos imperdonables.

Mas, como leí una vez en El Quijote, «Cosas veredes, Sancho». Con la llegada de la democracia, destapados los apetitos recaudatorios, el ruido del azar se ha apoderado de nuestras vidas: tejemos la urdimbre de los días a la caza de los seis números y el complementario que ideó la sagacidad de los ministros de Carlos III; un enjambre de ciegos, abandonadas sus misiones de rapsodas, cantan en cada esquina el cuponazo del viernes; los etiquetados niños de San Idelfonso nos gritan cada sábado números que nunca acertaremos; el parado, lúgubremente, nos muestra la rifa de la semana; en la barra del bar, tragaperras estratégicamente situadas, nos ofrecen posibilidades imaginarias al ritmo de la Cumparsita; Y para colmo, la parienta, hipnotizada por el sonsonete y el tachar de números de un cartón rectangular, sueña bingos o líneas en tugurios malolientes.

En pleno marasmo e inútiles cantos de sirena, devaluada la quinta del Buitre por el hartazgo de espaguetis que una aciaga noche le endosó el Milán, ni siquiera

14

nos queda el consuelo que uno de nuestros hijos alcance el olimpo de los dioses balompédicos.

Tras el continuo elucubrar a que se somete El Ojo del Cíclope en beneficio de sus lectores, hemos elaborado una posibilidad que palie la desesperanza y acabe con los torrentes de lágrimas que cubren nuestros ojos. Ante la imposibilidad de ser una Koplowicz o un Mario Conde cualquiera, con el escaso consuelo de cobrar un vil reintegro de los ciegos o de obtener una limosna de cuarenta duros de una cantarina máquina tragaperras, no se resigne: hágase tránsfuga político y los hados le serán propicios.

En nuestro afán de servicio y a la espera que sesudos varones elaboren los estudios correspondientes, les anticipamos una metodología adecuada:

a. Afíliese a un partido, que sin esperanza de ganar las elecciones, pueda considerarse bisagra.

b. Con el rollo macabeo de un supuesto cambio en los principios ideológicos, abandone el partido a bombo y platillo en el primer tercio de la legislatura para la que resultó elegido, e inscríbase en el correspondiente grupo mixto.

c. Funde un nuevo partido con quince o veinte de sus alegados y familiares (por si le sirve le ofrecemos unas siglas: P.I.P, o lo que es lo mismo « Partido Independiente Populachero», al que los maledicentes conocerán de inmediato como «Partido de Intereses Personales»).

d. Haga una cuestión de estética la no devolución de su acta. Usted, erre que erre, sin preocuparse de los tacos que puedan dirigir a sus ancestros.

e. Lo más importante está hecho. Sólo queda esperar que se produzca la primera crisis o que aletee una posible moción de censura. Acudirán a usted las distintas camadas de políticos ofreciéndole magníficos pedestales en los que asentar su trasero.

f. Hágase el interesante y comunique en rueda de prensa que está a la espera de las decisiones del ejecutivo del P.I.P. No olvide mencionar ante los periodistas las profundas ventajas de la estética sobre la ética. Es una monumental chorrada pero suena a discurso filosófico. ¡Quedará usted bien!

g. Conseguir los votos de los allegados le será fácil: a la cuñada de turno basta con pellizcarle los michelines; a los reacios, hábleles de los puestos de libre designación y, como de pasada, sibilinamente, mencione el nombre de Manolito, el impenitente sobrino incapaz de aprobar primero de BUP, y ahora dedicado al trasiego de litronas en cualquier esquina. ¡El PIP se le rendirá!

Tiene usted las manos libres. Chalanee cuanto pueda y obtenga los esperados frutos.

Un último consejo gratuito. Si la situación política se muestra estable, abandone su actitud y vuelva al redil de su antiguo partido, antes de que sea usted cadáver político; basta el apoyo a su originario grupo con cualquier motivo rimbombante: probablemente le recibirán con los brazos abiertos.

Por último, caso de que le saliese mal la jugada, siempre le queda la oportunidad de pasarse a otro grupo en nombre de su nueva visión de los acontecimientos cosmogónicos.

No podemos ayudarle más. En caso de duda, apunte usted a cualquiera de las direcciones de la rosa política de los vientos y hallará -casi con toda seguridad- algún especimen que, bajo ligeras variantes, le servirá de florido ejemplo.

¡País!

Dibujo de Francisco y Antonio Alaminos   ARCHIVO

EL OJO DEL CÍCLOPE
"El rapto de Europa"
(Texto)

Cuando los hechos despedazan implacablemente los falaces argumentos, los histriones y plañideras de la política entonan de nuevo bellos cantos de sirenas.

Cual sibilino Júpiter, tratan de rememorar -en beneficio de preclaras ideas- el rapto de la subyugante Europa, hermana de Cadmo e hija del rey fenicio Agenor.

Abierto el telón de la tragedia, alejados de la bondad y belleza de los textos de Sófocles y Esquilo, todos representan el mismo espectáculo; entre oropeles, ampliadas sus voces por los medios de difusión, tratan de vendernos la entereza de unas arraigadas convicciones, que según ellos, cambiarán la faz europea. Los unos cantan las excelencias del liberalismo o del centrismo, los otros las del espacio social, los de más allá, el respeto a las minorías.

17

Mas, reconociendo la validez de la partitura, no debe ser menos importante la limpieza de los instrumentos o la calidad de los músicos. Europa, como antaño lo fuese aquella joven raptada por Júpiter bajo disfraz de toro, es una idea demasiado importante para revolcarla en el lodazal de palabras y hechos de algunos de nuestros políticos. No fue con feroces mugidos o con la fortaleza de su testuz como el dios conquistara a la virgen; los métodos, a despecho de quienes se disputan nuestra representatividad, fueron completamente distintos.

El espectador de esta tragedia, atento al diario discurrir de la historia, atisba entre las bambalinas un espectáculo denigrante y bochornoso.

Tal parece, como si las ideas se desmoronasen por secundarias y en el fondo sólo importase el poder. Los tránsfugas campan por el Olimpo convertidos en nuevos semidioses a pesar de la ira de los mortales; amparados en la niebla del derecho, los supuestos captadores de voluntades a golpe de moneda o de intereses, muestran desvergonzadamente sus impudicias; los profesionales de la demagogia, redefinidas sus antiguas posiciones, descalifican a diestro y siniestro sin caer en la cuenta que cantan su propia descalificación.

Este es el marasmo: vale la zancadilla que haría caer al propio Aquiles, « el de los pies ligeros»; vale la dentellada que haría temblar a Hércules « el vencedor del león de Nemea»; vale la alianza con quien sea y como sea.

Con este telón de fondo se nos presenta " El rapto de Europa" y, por ende, se nos pide participación. La verdad es que el Ojo del Cíclope no descubre la bondadosa paciencia de Júpiter disfrazado de toro, la belleza de la virgen Europa o la sutileza del sonido de las cítaras.

Sólo contempla, estupefacto, las heces dejadas por

18

algunos, que llenan el proscenio y apestan la platea, alcanzando a todos y, singularmente, a las instituciones y a los actores de la farsa.

Mas, la partitura debe interpretarse; la función debe seguir ante un público desencantado que no tardaría en volverse benevolente, si observara como se limpia la inmundicia, se mantiene la irreductibilidad de las ideas, o al menos se explican suficientemente los cambios ideológicos. ¡Barramos nuestra casa antes de interpretar El Rapto de Europa!

El humo de los Beatles   ARCHIVO

El Ojo del Cíclope

EL OJO DEL CÍCLOPE
"Yesterday"
(Texto)

A los que, aferrados al mito y cultura de los sesenta, nos movemos, cuarentones, por los procelosos días de los ochenta, los nuevos descubrimientos de la medicina y los vaivenes de la filosofía, se han empeñado en aguarnos la bonanza de los recuerdos.

Decíase, y decíase bien, que eliminados de la memoria oscuros pasajes de la existencia, esta, retenía, a manera de opiáceo, lo más inefable y bendito del discurrir del tiempo. Sacralizado tal elexir, el hombre disponía a su antojo del caleidoscopio multicolor en que enmarcar posiciones y actitudes futuras. Y asi, durante decenios, tuvo validez el aserto: «Cualquier tiempo pasado, fue mejor».

Sin embargo, y aunque nos pese, los románticos que aún sostenemos una cierta validez para la frase, hemos perdido la batalla. ¿Cómo explicarles a nuestros hijos la belleza plástica de un cigarrillo humeante en los labios de *Humprey Bogart* en cualquiera de las escenas de *Casablanca*, si se nos replica con la existencia de los oncogenes o con los peligros del cáncer de pulmón? ¿ Cómo entender sin el humo de los cigarrillos, las subrepticias escuchas de los cantautores malditos en la dictadura, o los políticos guateques en los que los Beatles sonaban de música de fondo? ¿ Cómo explicarles que mientras fumábamos *Celtas*, escuchábamos embobados a los que nos traían noticias parisinas del *Mayo francés*? ¿ Cómo decirles que el paquete de *Bisonte* fue nuestro fiel compañero en tardes de muchachas en flor?

Reconozcamos que hemos perdido la batalla de los recuerdos y perderemos la guerra del tiempo. A nuestros hijos les suena nuestro pasado a música celestial y no dejan de tener sus razones.

No es a *Bogart* al que ven o escuchan cuando despertamos a la familia con las toses mañaneras. Mas bien ven a *Caco*, el hijo de *Vulcano*, mitad hombre y mitad sátiro, que vomitaba torbellinos de humo y fuego por su boca. No es a los estudiantes subversivos de los sesenta a quienes admiran, sino a algunos de los políticos de hoy, que reconvertidos como la *Hidra*, renunciaron a *Hegel* y *Luckas* para tomar las riendas del poder. No son las teorías de *Marcuse* las que ven desarrollarse, sino el auge de los nuevos *Midas*. No es el rojo intenso de *Cohn-Bendit* el que podemos mostrarles, sino el fracaso del marxismo en los propios países donde se impuso su filosofía.

Pero *Cronos* -el tiempo- siempre acaba por devorar a sus propios hijos, y los nuestros no serán una excepción. Desgraciadamente, sus recuerdos, y quizás con más rapidez que los nuestros, volarán empujados por nuevas y verdes utopías, tan inabordables como en su momento lo fueron las de la época prodigiosa.

Y mientras concluyo, recompongo románticas batallas perdidas. Las volutas de mi cigarrillo se mueven al son de los compases de *Yesterday*.

El Ojo del Cíclope — Suplemento Cultural LA ISLA

18-06-89

A la búsqueda de Apolo

Dibujo de José Guerra — ARCHIVO

POLIFEMO

EL OJO DEL CÍCLOPE
"A la búsqueda de Apolo"

(Texto)

Llegada la canícula, cada fin de semana confirma un suplicio despiadado a cualquier españolito que se precie.

23

Todo comienza el viernes por la tarde cuando la parienta, ávida de recibir los efluvios de Apolo con que broncear incipientes michelines, propone, entre la complicidad y el aplauso de los más pequeños, la búsqueda del deseado asueto al lado de doradas arenas y rumores de olas.

A pesar de tan poética intención, conocedor el Cíclope del tormento que le aguarda, dispara los argumentos tratando, inútilmente, de evitar lo inevitable. Mas la suerte está echada; sólo le queda el recurso de implorar a los dioses del Olimpo que una aviesa calentura, el inesperado dolor de oídos de Pepito o al menos la alergia de la suegra, le salve in extremis de la tragedia.

Pero el azar, desgraciadamente, se rige por las leyes de la estadística y de tal ciencia no cabe esperar milagros.

El sábado, de mañana, se verá cargando el coche de inútiles artefactos: sombrillas, tumbonas, mantas, cepillos de diente, colchones de goma espuma, una batidora, el transistor, dos bicicletas, toallas, y mil cacharros más, que no mencionamos para no cansar al lector.

Cuando, por fin, cerrado a golpes el portamaleta y asegurado el último anclaje de la baca respira tranquilo, aún le queda lo peor: ubicar al personal.

Sin que sepa cómo, se habrán incorporado a la expedición tanto su suegra como el cariñoso sobrino de la parienta, a quien su madre no puede atender -pobrecita- por culpa de la jaqueca.

Ya en marcha, inmerso en la vorágine del asfalto, entre la multitud de sufridos españolitos que, como él, escapan de la maldad de la urbe, pronunciará repetidamente las consabidas frases: « Niño, agáchate que no veo por el retrovisor» ; «Coño. Entre el bolso y tus piernas no puedo usar la palanca de cambio»; «Señora.

¿para qué leches trae usted tanto equipaje? ¡Ni que fuésemos a Nueva York! ».

Al fin llegará al chalecito que tantos sudores le cuesta, y que no está en primera línea de playa como decía la publicidad, sino a medio kilómetro del Mediterráneo.

Mas, corto es el placer, y, desde ahora, el suplicio será constante. Vuelven los niños y la parienta quemados como cangrejos, la suegra le llama guarra a la macizorra de al lado, y, para colmo, la paella ha salido hecha un churro. Con la sobremesa perderá la enésima batalla: la mamá política se empeña en ver *Falcon Crest* o su equivalente y habrá de renunciar a su deporte favorito.

La noche abre el segundo acto de la tragedia: por falta de espacio ha habido que meter un niño en el tálamo conyugal. Imposibilitado el *Cíclope* de desfogar los impulsos eróticos que las tetas de la vecina le sugieren, y, asaeteado por los mosquitos, lo más probable es que acabe rendido en el patio, oyendo "*Encarna de Noche*".

El siguiente día amanecerá con una postrera sorpresa: aliviada su jaqueca, se presentará su cuñada con toda la familia o, al menos, algún amigo que casualmente pasaba por allí. ¡No hay que preocuparse. Ya queda menos!

Sólo aguantar las batallitas del plomo del concuño o del amigo, las quemaduras, la tortilla de patatas, la pérdida de la siesta, los saltos de los infantes o las estupideces de la suegra. Y para colmo, su mujer, que le ha pillado *in fraganti* con la visual dirigida a la vecina, le llama sátiro y se propone dejarle *a palo seco* durante una semana.

¡Para qué seguir! Cuando al atardecer carga los bártulos para volver a la urbe, entona algún aria de "*El barbero de Sevilla*" y exclama satisfecho: ¡podría haber sido peor!

El Ojo del Cíclope

SUPLEMENTO LA ISLA Circe 25-06-1989

Diosa cruel y alegre   ARCHIVO

Llegados los idus de Junio, ignotos sortilegios nos acercan de nuevo a las garras de Circe. Cuéntase, que la maga, princesa de Cólquide y reina de los sármatas, vituperada por su pueblo, fijó su residencia en un promontorio del mar de Etruria desde donde atraía a los mortales, los cautivaba con sus encantos, robábales sus energías y sus tesoros y al fin, los metamorfoseaba en dispares apariencias. Como nueva Ave Fénix, bajo nuevos ropajes, el ojo de Polifemo la descubre ahora en forma de Feria.

Todo comienza para el común de los mortales con el estampido de los cohetes, los trajes de faralaes, el caracoleo de los caballos, el deambular de carrozas y en fin, toda la parafernalia con que los nuevos adoradores de lo lúdico arropan la intrascendencia de lo voluble y pasajero.

Los débitos no se harán esperar: aquella misma noche, se observará —como Edipo— con los piés hinchados, por cargar, durante horas, con el tierno infante que no quiso perderse el paso de las luminarias, encontrará múltiples moraduras en las costillas, resultado de los codazos del personal, en su inútil intento de colocar a la parienta en sitio adecuado desde donde contemplar ficticias coronaciones; habrán volado los primeros verdes en su primer y tímido acercamiento a la morada de Circe. Mas, iluso, como siempre, presupone que con los ahorrillos y la apertura de la hucha de los nenes podrá saciar las voracidades de la maga. Pura ilusión. La hucha está exhausta por las artimañas del quinceañero, que no contento con cargarse de suspensos, ha estado saqueando, impune, el sagrado recinto; de los ahorrillos para necesidades varias. Y para colmo, el quinceañero llega cuatro horas tarde a la cena, turbia la mirada con el sahumerio dulzón de algún ocasional canuto, el trasiego de la litrona o de ambas cosas a la vez. Por fin, perdida la última batalla del día, la nueva puñalada a la cartera con que financiar la salida del imberbe, manda al garete su plan económico de urgencia.

El rito de los atardeceres será inexorable: se verá satisfaciendo los instintos volatineros de los más pequeños, que, a golpes de ficha, le harán recorrer una variada fauna: el guanso loco, el pulpo, el saltamontes, el patito; conseguirá usted recobrar pérdidas energías al sentarles en cualquier parte, tras una botella de líquido anaranjado y la consabida bola de algodón. -Ahora me los llevo a casa —piensa usted, astutamente—. Mas, no. La parienta le hará recorrer la estridencia de las tómbolas y se verá —si los dioses del Olimpo no lo remedian— cargado de una Chochona, o lo que es peor, tocándole la boina a un Mario descomunal. Cabreado pero impotente, no es de extrañar que usted pronuncie la conocida frase: -De perdidos

al río-, y, armado de tan docto silogismo, se enfrente, junto a toda la familia, a pollos hormonados, patatas fritas, gambas sin bígote y todo el variado menú ferial. Al pagar, recobrará de golpe la lucidez. Se le han ido tres lilas y aún le queda que abonar el estipendio al imberbe tarambana que duerme todavía nocturnidades pretéritas.

Probablemente, a la segunda jornada, habrá cancelado las reservas. Ahora debe ser el cajero automático de alguna somnolienta entidad bancaria quien garantice el goteo y sus últimos ritos.

La tarde de toros se presenta como deber social inexcusable. No importa que usted no distinga una chicuelina de una gaonera; tampoco que le dé igual los del Conde de la Corte que los Pablo Romero; lo sabrá a gloria, no tanto la tortilla de patatas y el frescor del fino, como las viandas que le vieran en el tendido de sombra. Al final, acabará expundiendo el pañuelo que la parienta exímera de usos profanos.

Con la salida nocturna del domingo termina su Feria. Previamente habrá debido convencer a la suegra que pernocte con los pequeños, de lo que seguramente le pasarán factura: la parienta, habrá metido los michelines en el almidonado traje de faralaes y, agüerridos, junto a los amiguetes, deambularán por una noche que usted piensa de vino y rosas. A las primeras copas de fino responderá por servilianas; la euforia le inclinará al deambular de casetas y tropiezos; antes de dos horas, su inconsciencia le habrá llevado a pagar alguna ración de pata negra y haber aceptado los claveles que le ofrecieron. Al amanecer, el culto báquico le pasará minuto y, ni el caldo, ni los churros, templarán la fortaleza de la renacida úlcera de estómago. Está usted inservible. Ya sólo le queda trastabillar el camino a su casa y esperar futuras oportunidades.

Y mientras Circe ríe a carcajadas, probablemente el cíclope sea tan estúpido, que se consuele en la frase: -Que me quiten lo bailao-.

POLIFEMO

EL OJO DEL CÍCLOPE
"Circe"
(Texto)

Llegados los idus de junio, ignotos sortilegios nos acercan de nuevo a las garras de Circe. Cuéntase que la maga, princesa de Cólquide y reina de los sármatas, vituperada por su pueblo, fijó su residencia en un promontorio del mar de Etruria desde donde atraía a los mortales, los cautivaba con sus encantos, robábales sus energías y sus tesoros y, al fin, los metamorfoseaba en dispares apariencias. Como nueva Ave Fenix, bajo nuevos ropajes, el Ojo de Polifemo la descubre ahora en forma de Feria.

Todo comienza para el común de los mortales con el estampido de los cohetes, los trajes de faralaes, el caracoleo de los caballos, el deambular de carrozas y, en fin, toda la parafernalia con que los nuevos adoradores de lo lúdico arropan la intrascendencia de lo voluble y pasajero.

Los débitos no se harán esperar: aquella misma noche se observará -como Edipo- con los pies hinchados por cargar, durante horas, con el tierno infante que no quiso perderse el paso de las luminarias; encontrará multiples moraduras en las costillas, resultado de los codazos del personal, en su inútil intento por colocar a la parienta en sitio adecuado desde donde contemplar ficticias coronaciones; habrán volado los dos primeros *verdes* en su primer y tímido acercamiento a la morada de Circe. Mas, iluso, como siempre, presupone que con los ahorrillos y la apertura de la hucha de los nenes podrá saciar la voracidad de la maga. Pura ilusión. La hucha está exhausta por las artimañas del quinceañero que, no contento con cargarse de suspensos, ha estado saqueando, impune, el sagrado recinto; de los ahorrillos para la ocasión faltan dos *lilas* que subrepticiamente usó la parienta para necesidades varias. Y para colmo, el quinceañero llega cuatro horas tarde a la cena, turbia la mirada con el sahumerio dulzón de algún ocasional canuto, el trasiego de la litrona o ambas cosas a la vez. Por fin, perdida la última batalla del día, la nueva puñalada a la cartera con que financiar la salida del imberbe, manda al garete su plan económico de urgencia.

El rito de los atardeceres será inexorable: se verá satisfaciendo los instintos volatineros de los más pequeños que, a golpes de ficha, le harán recorrer una variada fauna: el gusano loco, el pulpo, el saltamontes, el patito...: consigue usted recobrar perdidas energías al sentarles en cualquier parte, tras la botella de líquido anaranjado y la consabida bola de algodón. " Ahora me los llevo a casa" -piensa usted astutamente-. Mas, no. La parienta le hará recorrer la estridencia de las tómbolas y se verá -si los dioses del Olimpo no lo remedian- cargado de una *Cho-*

chona o, lo que es peor, tocándole la boina a un *Macario* descomunal. Cabreado pero impotente, no es de extrañar que pronuncie la consabida frase "de perdidos al río", y, armado de tan docto silogismo, se enfrente, junto a toda la familia, a pollos hormonados, patatas fritas, gambas sin bigote y todo el variado menú ferial. Al pagar, recobrará de golpe la lucidez. Se le han ido tres lilas y aún le queda por abonar el estipendio al imberbe tarambana que duerme todavía nocturnidades pretéritas.

Probablemente, a la segunda jornada habrá liquidado las reservas. Ahora debe ser el cajero automático de alguna somnolienta entidad bancaria quien garantice el goteo y sus últimos ritos.

La tarde de toros se presenta como deber social inexcusable. No importa que usted no distinga una chicuelina de una gaonera; tampoco que le de igual los del Conde de la Corte que los Pablo Romeros; le sabrá a gloria, no tanto la tortilla de patatas y el frescor del fino, como que le vean en el tendido de sombra. Al final acabará expandiendo el pañuelo que la parienta eximiera de usos profanos.

Con la salida nocturna del domingo termina su feria. Previamente habrá debido convencer a la suegra que pernocte con los pequeños, de lo que seguramente le pasarán factura; la parienta habrá metido los michelines en el almidonado traje de faralaes y, aguerridos, junto a los amiguetes, deambularan por una noche que usted piensa de vino y rosas. A las primeras copas de fino responderá por sevillanas; la euforia le inclinará al deambular por casetas y tropiezos; antes de dos horas su inconsciencia le habrá llevado a pagar alguna ración de pata negra y haber aceptado los claveles que le ofrecieron. Al amanecer, el culto báquico le pasará minuta y, ni el caldo ni los churros templarán la fortaleza de la renacida úlcera de estómago. Está usted inservible. Ya sólo le queda trastabillar el camino a casa y esperar futuras oportunidades.

Y mientras *Circe* se rie a carcajadas, probablemente el Cíclope sea tan estúpido que se consuele en la frase «Que me quiten lo bailao».

EUROPA SUR

La Isla. Suplemento. 13-04-1991

El ojo del cíclope

Talía versus Babilonia

Juan Manuel Borrero

Apuntan quienes la conocieron, que, en lo recóndito de su alcoba, la divina Sara Bernhardt aplacaba sus iras o se reponía de estados depresivos, al cobijo de las tablas y sedas de un ataud, rodeada —como no podía ser menos—, por cirios o fúnebres luminarias. La escena, completada con otra —esta vez sobre los soportes del escenario— en la que la apoteosis del fuego consumía su majestuosa interpretación de «La Doncella de Orleans», es fiel reflejo del doble engaño, que, en el teatro de la vida, han representado los actores implicados en los recientes acontecimientos del Golfo Pérsico.

Si el paso del tiempo apagó los ecos del galonar de Lawrence de Arabia por las dunas del desierto, la asechanza de una mentira generalizada y consciente abrió paso a la parafernalia en los antiguos dominios de la cultura babilónica. Por una parte, emulando las sutiles artes de Talía, al igual que la diva en su catafalco embustero, Occidente nos hizo creer tanto en un poderoso enemigo —del que se silenciaban sus ocho años de impotencia contra un vecino al que sólo sostenía su fe religiosa—, como en la necesidad de la idea liberadora para los oprimidos. Por otra, el oponente escénico clamaba la guerra santa en nombre de otros menesterosos, olvidando las nubes de gas asesino que un día envió contra sus hermanos. Y así, completo el guión, la noche babilónica se pobló de estelas luminosas y de cirios de muerte, a los que no pudieron oponerse ni la magia de las lámparas de Aladino, ni la altivez de los ladrones de Bagdad.

Sólo con la caída del telón en el penúltimo acto hemos comprendido la realidad: la sangre de los kurdos es menos roja que la de los kuwaitíes; no existen cormoranes ahogados en la inmundicia de la marea negra ni tanques de cartón para engañar al enemigo. No existen computadoras que cuenten las bajas, si el protagonista, durante el primer acto en papel de dictador, se ajusta al libreto que conduce a la apoteosis final. ¡El arte de Talía es más poderoso que la propia Babilonia!.

Y al fondo, sujeta tanto por la magia de las bambalinas como por la sapiencia de los actores, la «claque» que formamos todos se esfuerza en olvidar a cómicos de otros escenarios: Palestina, el Sagel, Hispanoamérica, los barrios marginales de las grandes ciudades o los vacíos estantes de las tiendas moscovitas.

Pero, como en el caso de la escena postrera en «La doncella de Orleans», el fuego de la pira se cobra su tributo: los cielos se han vuelto opacos, el hollín y el humo ensombrecen los sentimientos, organismos internacionales están tocados de muerte si no mantienen idéntica fortaleza en asuntos similares, y, hasta Lawrence de Arabia, finiquitada la representación y encendidas las luces del proscenio, ha perdido la galanura al cabalgar por fronteras trazadas con tiralíneas de despacho. Sólo el hombre, el auténtico hombre, de allí y de cualquier otro lugar, vuelve el corazón y los ojos hacia esperanzas inefables, que tal vez, no sean sino un nuevo y engañoso ardid de la Musa.

EL OJO DEL CÍCLOPE

"Talía versus Babilonia"

(Texto)

Apuntan quienes la conocieron que, en lo recóndito de su alcoba, la divina Sara Bernhard aplacaba sus iras o se reponía de sus estados depresivos al cobijo de las tablas y las sedas de un ataúd, rodeada -como no podía ser menos- por cirios y fúnebres luminarias. La escena, completada con otra -esta vez sobre los soportes del escenario- en la que la apoteosis del fuego consumía su majestuosa interpretación de "La doncella de Orleans", es fiel reflejo del doble engaño que, en el teatro de la vida, han representado los actores implicados en los recientes acontecimientos del Golfo Pérsico.

Si el paso del tiempo apagó los ecos del galopar de

Lawrence de Arabia por las dunas del desierto, la asechanza de una mentira generalizada y consciente abrió paso a la parafernalia en los antiguos dominios de la cultura babilónica. Por una parte, emulando las sutiles artes de *Talía*, al igual que la diva en su catafalco embustero, Occidente nos hizo creer tanto en un poderoso enemigo -del que se silenciaban sus ocho años de impotencia contra un vecino al que sólo sostenía su fe religiosa-, como en la necesidad de la idea liberadora para los oprimidos. Por otra, el oponente escénico clamaba la guerra santa en nombre de otros menesterosos, olvidando las nubes de gas asesino que un día envió contra sus hermanos. Y así, completo el guión, la noche babilónica se pobló de estelas luminosas y de cirios de muerte, a los que no pudieron oponerse ni la magia de las lámparas de Aladino ni la altivez de los ladrones de Bagdad.

Sólo con la caída del telón del penúltimo acto hemos comprendido la realidad: la sangre de los kurdos es menos roja que la de los kuvaitíes; no existen cormoranes ahogados en la inmundicia de la marea negra ni tanques de cartón para engañar al enemigo. No existen computadoras que cuenten las bajas, si el protagonista, durante el primer acto en papel de dictador, se ajusta al libreto que conduce a la apoteosis final. ¡El arte de Talía es más poderoso que la propia Babilonia!

Y al fondo, sujeta tanto por la magia de las bambalinas como por la sapiencia de los actores, la *claqué* que formamos todos se esfuerza en olvidar a cómicos de otros escenarios: Palestina, el Sagel, Hispanoamérica, los barrios marginales de las grandes ciudades o los vacíos estantes de las tiendas moscovitas.

Pero, como en el caso de la postrera escena de "La doncella de Orleans" el fuego de la pira se cobra su tributo: los cielos se han vuelto opacos, el hollín y el humo

31

ensombrecen los sentimientos, organismos internacionales están tocados de muerte si no mantienen idéntica fortaleza en asuntos similares, y, hasta Lawrence de Arabia, finiquitada la representación y encendidas las luces del proscenio, ha perdido la galanura al cabalgar por fronteras trazadas por tiralíneas de despacho. Sòlo el hombre, el auténtico hombre, de allí y de cualquier otro lugar, vuelve el corazón y los ojos hacia esperanzas inefables, que tal vez no sean sino un nuevo y engañoso ardid de la musa.

En agosto, se cumplieron ciento un años de la muerte de Lovecraft

Lovecraft creó los mitos de Cthulhu

EL OJO DEL CÍCLOPE
"101 años de horror"

(Cita): " En la morada de R´lyeh, Cthulhu muerto aguarda llorando" . La llamada de Cthulhu. H.P. Lovecraf.

(Texto)

Etiquetado por algunos críticos de los cuarenta como un discípulo menor de *Poe*, bastaron algunos decenios para que *Lovecraft* -del que el pasado 20 de agosto se cumplieron 101 años dc su nacimiento- pasara a ser considerado como el mayor genio de la literatura de terror del presente siglo.

No podría, empero, achacarse este salto cualitativo

a razones puramente de mercado. Si bien es cierto que a partir de los cincuenta su obra -fragmentariamente, por desgracia- comenzó a traducirse a casi la totalidad de las lenguas e, incluso, para atender la cada vez más creciente demanda anglosajona se fundara la editorial *Arkham House* - cuyo nombre hacía referencia a la imaginaria ciudad donde aquél situó varios de sus relatos-, habrían de ser razones mucho más poderosas las que motivaron el cambio

Si hemos de analizar el proceso en profundidad, bueno será comenzar recordando las características del género tanto a lo largo del XIX como en el primer decenio del XX: **la persistencia de elementos góticos aderezados de pseudoromanticismo y cuyo *leiv motiv* era el horror a la muerte.** Consecuentemente, las páginas adscritas al género fueron llenándose de muertos putrefactos que, junto a malignos fantasmas o formas espectrales, surgían de féretros y criptas para pulular por los oscuros pasillos de castillos medievales, atormentando a los personajes de ficción y produciendo, de paso, sentimientos de terror y escalofrío en el ocasional lector. No obstante, dada la fortaleza del racionalismo dominante, el género habría periclitado y fenecido si los creadores no hubiesen apuntalado sus escritos con elementos formales procedentes de algunos descubrimientos científicos, y por ende creibles. Y así, si el mesmerismo hizo posible el terrorífico cuento de *Poe* "El Caso de M.Valdenar", fueron la electricidad y los avances de la cirugía quienes cimentaron el éxito del " *Frankestein*" de *Mary Shelley*.

Al decir de Llopis, *llegado el momento en que el neomuerto sifisticado y apuntalado de los victorianos producía tan poco miedo al lector como el burdo paelomuerto (cadenas, aullidos y tente tieso) de los románticos, hubo de surgir la necesaria mutación[4] .*

Mas, en literatura como en cualquier otro aspecto de la existencia nada nace por generación espontánea, y Lovecraft no podía ser la excepción. Instalado inicialmente en las características decimonónicas del género[5] , su casi patológica introversión le lleva al mundo onírico de un autor poco conocido: *lord Dunsany*, convirtiéndose algunas de sus obras[6] en constantes compañeras de noches insonnes. Y asi, a pesar de su recalcitrante racionalismo, encontró en el mundo de los sueños un incipiente cúmulo de horrores sin nombre ni forma , de caos primigenio[7] ; es la época de "*Dagón*", su primer relato de línea dunsanyana, publicado en 1917 por la revista *Weird Tales*, al que habrían de seguir otros en la misma línea.

Sin embargo, el verdadero revolucionario del género habría de ser una autor "*menor*" de origen gales y por tanto céltico, desconocido hasta hace pocos años para los

---

4. Prólogo a la Recopilación sobre **los Mitos de Chulthu**, editado por Alianza Editorial, libro de bolsillo n° 194.

5. Pleno de elementos góticos puede ser considerado el primer relato de Lovecraft " La bestia de la cueva".

6. "Los cuentos de un soñador"; "El libro de las maravillas"; "Los dioses de Pegana". La Revista de Occidente publicó uno de sus relatos: "Días de ocio en el el país de Yann".

7. Fue Freud quien hizo ver que la razón no es más que la última etapa evolutiva de la conciencia y que, bajo ella, palpitan horrores sin nombre. El racionalismo, en su afán de analizarlo todo, incluso el mundo de los sueños, engendró el interés por lo irracional.

lectores de habla española: *Arthur Machen*[8]. Miembro de la sociedad esotérica *Golden Dawn*, fue seguramente allí donde encontró material numinoso novelable; eliminados los elementos caducos de épocas anteriores (los castillos, la oscuridad, la ultratumba), el horror se produce ante la presencia de un mundo ancestral, arquetípico y mágico, de cultos horrendos y mundos paganos, donde el mal se palpa en el ambiente y los personajes, no por ausencia del bien como cabría esperar, sino como intento del hombre de un conocimiento superior, olvidado por evos de historia y permanentemente impreso en la memoria genética. En suma, en la rebelión del hombre para alcanzar un estado místico negativo que le equipare a los dioses arquetípicos. Al decir de *Borges*, " **las narraciones de Arthur Machen prolongan la más antigua, acaso, de las explicaciones del Mal...**"

Si de *Machen* extrajo *Lovecraft* muchas de las bases en que se cimentarían *Los Mitos de Chulthu*, fue otro autor desconocido del gran público -*Ambrose Bierce* [9]- quien había de proporcionarle la puesta en escena de alguno de sus relatos. Es, casi con toda seguridad, de *"Un habitante de Carcosa"* de donde se sublimaron las descripciones lovecraftianas de ciudades imposibles y arquitecturas estériles, con el Mal incrustado en sus milenarios basamentos.

---

8. Hace algunos años, Editorial Siruela en sus colecciónes La Biblioteca de Babel -dirigida por Borges- y El Ojo sin Párpado publicó un compendio de algunos de sus relatos. Asimismo en la obra citada en el pie de página nº4 , se incluye otro: " Vinum sabatti".

9. Nacido el 24 de Junio de 1842 en Meigs County (Ohio), algunos de sus relatos están publicados por Ediciones Oticil, Buenos Aires 1980, bajo el título "Una tumba sin fondo".

Aunque sin influencia en la obra de Lovecraft, no podemos olvidar en este repaso generalizado a otro autor *"menor"* (esta vez de raíz germánica, que rompe así la casi exclusividad anglosajona) pero responsable parcial de la mutación del género: *Gustav Meyrink*. Si en el *"Golem"* -su mejor obra según la crítica especializada- se especula sobre el carácter de la divinidad, el poder mágico de las letras (cábala) y la posibilidad de que el hombre se trascienda por conocimientos ancestrales y místicos hasta hacerse **creador**, es en " *El Cardenal Napellus*" donde descubrimos su más especial característica: la búsqueda en la magia de la superación de todo artificio mecánico, o como él mismo dice en el citado relato **"nada podemos hacer que no sea mágico"**; por fin, en *"J.H. Obereit visita el país de los devoradores del tiempo"* - a mi juicio su más esotérico y bello relato- puede descubrirse otra de sus constantes: la relatividad del tiempo en función de la psique personal, o dicho de otro modo la inexistencia del tiempo fuera de nuestro deseos. En tal sentido escribía: *"No trate nunca de aferrar un fruto que le atraiga, si a él va unida la más mínima esperanza...Es verdad que, al principio, será como un vagar desconsolado, durante largo tiempo, por un denso desierto sin esperanza. Pero, de pronto, todo se aclarará en torno suyo y verá usted las cosas, las bellas y las feas, bajo una nueva e insospechada luz. Dejará de existir, entonces, para usted, lo importante y lo no importante; quedará inmunizado por la sangre del dragón como Sigfrido y podrá decir de sí mismo: yo atravieso el infinito mar de una vida eterna con una vela blanca como la nieve...".*

Con tales mimbres, correspondió a *Lovecraft* -como escribiera Llopis- el papel más importante en la invención de *Los Mitos de Chulthu*, ciclo de narraciones de horror cósmico que nos trasladan a viejos mundos de caos y espanto, rescoldos escondidos en los basamentos de arcaicas civilizaciones prehumanas, y en las que los arcanos mágicos sustituían al mundo racional de las geometrías euclídeas.

A diferencia de obras precedentes, tres aspectos concretos habrían de transformar a *Los Mitos* en el núcleo clave del género de terror a lo largo del siglo; la primera, la adscripción al grupo de un número de autores[10] que, conocidos como *grupo Lovecraft*, completaron y ampliaron la propia obra del fundador. La segunda es el desarrollo de una precisa cosmogonía, incluso una incipiente pseudorreligión en la que se repiten los credos conocidos: la lucha de la luz contra las tinieblas entre dioses arquetípicos y primordiales. La tercera, contribuyendo así a apoyar numerosos detalles de *Los Mitos*, dándole un aire de autenticidad y erudición, es la invención de una serie de *libros canónicos*[11] , en los que, bajo parábolas y símbolos -casi siempre de forma fragmentaria- remiten a oscuros arcanos, lenguas olvidadas, conjuros, invocaciones y rituales que sólo los adeptos podían interpretar.

Para concluir este repaso centenario -mitad ensayo, mitad homenaje-, y a despecho de algunos que señalan el agotamiento de *Los Mitos*, apuntar la influencia de estos no sólo en la obra de *Tolkien* y *Borges* sino -más modernamente- en la de *Stephen King*, de aquellos ads-

---

10. Frank Belknap Long, August Derleth, Robert Bloch, Clark Aston Smith entre otros.

11. "El libro de Eibón"; "El texto R´lyeh"; "Cultes des Goules"; " De Vermis Mysteriis" etc. Pero, fundamentalmente, el conocido como "Necronomicón", del que algunos incluso creyeron en su existencia real.

critos al pujante género épico, mágico-fantástico y, como no, de aquellos que como yo, han encontrado en la religión y el esoterismo una fuente de inspiración para su novelas.

Verdad y esperanza

MARZO 1992

Juan Manuel Borrero*

Este autor, residente desde hace muchos años en Algeciras, dedica esta reflexión sobre la vida «a los miembros del grupo Agadén, por el sueño de esperanza que protagonizan».

Noches atrás, mientras me movía entre papeles y textos a la búsqueda de una cita necesaria, me reencontré con un breve volumen de Borges muchas veces releído y otras tantas olvidado. Su título, Historia mundial de infamia, predispone al lector a adentrarse en el fluctuante mundo de las verdades relativas, que a través del tiempo —y hoy no es una excepción— nos invadieron. De nada sirvió que Juan, el discípulo amado del Maestro, escribiese: «No hay Religión más elevada que la Verdad», o que Machado, en su Juan de Mairena, apuntase: «La verdad es la verdad, la diga Agamenón o la diga su porquero». Hoy, olvidados tales asertos, segada la inmutabilidad de principios básicos, entronizado como nuevo dios la relatividad de las ideas, elevado a la categoría de universales lo que no es más que puro subjetivismo, nos encontramos ante médanos sombríos que no augurán nada bueno para la sociedad que nos ha tocado vivir.

Un ejemplo reciente podemos encontrarlo en la falta de acuerdo de la reunión de Londres, sobre la capa de ozono que rodea al planeta sustentador de nuestra ci-

vilización. Hora es que nos hagamos libres con la verdad. El programa medioambiental de Naciones Unidas nos informa del riesgo al que nos enfrentamos a corto plazo: un desastre ecológico y climático sólo comparable a una guerra nuclear. El americano o europeo medio, instalado en su aislamiento por más que hoy disponga de múltiples medios de comunicación, protegido por las sólidas paredes del egoísmo, y olvidando que el mundo desarrollado es el culpable de tal extremo, pretende implicar —sin compensaciones claras— a países en desarrollo que necesitan de los clorofluorocarbonos para la industria del frío y la conservación de los alimentos. He aquí como la verdad objetiva de la necesidad de eliminar tales compuestos, se esconde tras lo relativo de la corresponsabilidad! La verdad (con mayúsculas) está en el abandono del egoísmo por parte del mundo de alto poder adquisitivo, donde el nuevo becerro de oro se llama consumo. Da igual que hablemos de la capa de ozono, de la deforestación de la Amazonia o del hambre en el Sagel. Da igual que se racionalice desde perspectivas políticas de izquierda o de derecha. Es el autoengaño con que

nos defendemos desde nuestro caparazón de tortuga.

Sólo nos queda una leve esperanza: que gobiernos e individuos entiendan, la necesidad de destinar los ingentes recursos que hoy se escapan en conceptos heterodoxos, hacia otros, que aseguren la perpetuación de las especies que habitan este planeta. La verdad y la felicidad se mostrarán diáfanas, cuando, alegremente, los individuos, renunciando a lo superfluo, contemplemos orgullosos a ejércitos, que reconvirtiendo sus ansias de defensa de valores efímeros, se transformen en padrinos de la vida futura.

Mas, en caso de que no se entienda el mensaje, desde cualquier perspectiva social o política en que se milite, como intelectual, agotadas las lágrimas, sólo nos quedará como consuelo releer los párrafos finales del relato borgiano «El incivil maestro de ceremonias Kotsuké no Suké» incluida en la obra citada al comienzo: «Yo te vi tirado en la puerta de un lupanar de Kioto y no pensé que estabas meditando la venganza de tu señor, y te creí un soldado sin fe y te escupí a la cara».

Después, repitiendo indefinidamente los párrafos, esperaremos el final contemplando fijamente las estrellas.

* Narrador. Acaba de obtener el Premio Andalucía de novela.

" Verdad y Esperanza"

(Entradilla): Este autor, residente desde hace muchos años en Algeciras, dedica esta reflexión sobre la vida a los miembros del grupo *Agadén*[12] por el sueño de esperanza que protagonizan.

(Texto)

Noches atrás, mientras me movía entre papeles

---

12. En esa época, grupo ecologista del campo de Gibraltar, de la que formaban parte algunos de sus alumnos del Instituto, esforzados en la preservación del paso de aves por el Estrecho y la conservación del medio ambiente en la zona de la Bahía.

y textos a la búsqueda de una cita necesaria, me reencontré con un breve volumen de Borges muchas veces releído y otras tantas olvidado. Su título *"Historia Mundial de la Infamia",* predispone al lector a adentrarse en el fluctuante mundo de las verdades relativas, que a través del tiempo - y hoy no es una excepción- nos invadieron. De nada sirvió que Juan, el discípulo amado del maestro escribiese *"No hay religión más elevada que la verdad",* o que Machado, en su "Juan de Mairena" apuntase *"La verdad es la verdad, lo diga Agamenón o lo diga su porquero"* . Hoy, olvidados tales asertos, segada la inmutabilidad de principios básicos, entronizado como nuevo dios la relatividad de las ideas, elevada a la categoria de universales lo que no es más que puro subjetivismo, nos encontramos ante médanos sombríos que no auguran nada bueno para la sociedad que nos ha tocado vivir.

Un ejemplo reciente podemos encontrarlo en la falta de acuerdo de la reunión de Londres, sobre la capa de ozono que rodea al planeta sustentador de nuestra civilización. Hora es que nos hagamos libres con la verdad. El programa medioambiental de Naciones Unidas nos informa del riesgo a que nos enfrentamos a corto plazo: **un desastre ecológico y climático sólo comparable a una guerra nuclear**. El americano o europeo medio, instalado en su aislamiento por más que disponga de múltiples medios de comunicación, protegido por las sólidas paredes del egoísmo, y olvidando que el mundo desarrollado es el culpable de tal extremo, pretende implicar -sin compensaciones claras- a países en desarrollo que necesitan de los fluorocarbonados para la industria del frío y la conservación de los alimentos. ¡ He aquí como la verdad objetiva de la necesidad de eliminar tales compuestos, se esconde tras lo relativo de la corresponsabilidad! La verdad (con mayúsculas) está en el abandono del egoísmo por parte del mundo de alto poder adquisitivo, donde el nuevo becerro de oro se llama consumo. Da igual que hablemos de la capa de ozono, de la deforestación de la Amazonia o del hambre en el Sagel. Da igual que se racionalice desde perspectivas políticas de izquierda o de derecha. Es el autoengaño con que nos defendemos desde nuestro caparazón de tortuga.

Sólo nos queda una leve esperanza: que gobiernos e individuos entiendan la necesidad de destinar los ingentes recursos que hoy se escapan en conceptos heterodoxos, hacia otros, que aseguren la perpetuación de las especies que habitan este planeta. La verdad y la felicidad se mostrarán diáfanas, cuando, alegremente, los individuos, renunciando a lo superfluo, contemplemos orgullosos a ejércitos, que reconvirtiendo sus ansias de defensa de valores etéreos, se transformen en padrinos de la vida futura.

Mas, en caso de que no se entienda el mensaje, desde cualquier perspectiva social o política en que se milite, como intelectual, agotadas las lágrimas, sólo nos quedará como consuelo releer los párrafos finales del relato borgiano " *El incivil maestro de ceremonias Kotsué No Suké*" incluida en la obra citada al comienzo: " **Yo te vi tirado en la puerta de un lupanar de Kioto y no pensé que estabas meditando la venganza de tu señor, y te creí un soldado sin fe y te escupí a la cara**".

Después, repitiendo indefinidamente los párrafos, esperaremos el final contemplando fijamente las estrellas.

LA
VILLA

■ DESDE EL MUNDO DE LAS LETRAS ■

Juan Manuel borrero

Epifanía

(Texto)

Igual que el *homo urbanus* debate su naufragio interior entre "la soledad de la cirrosis y el infierno de la sobredosis" (Sabina dixit), quienes, fósiles -casi- a nuestro pesar, seguimos moviéndonos bajo parámetros ético-culturales, coincidimos en la agónica situación que aqueja a la prensa tradicional. Estancado su desarrollo por el estercolero moral de determinados programas televisivos, que conllevan una significativa e imparable hemorragia de potenciales usuarios, ni siquiera tal freno conseguiría aherrojarla ni liquidarla. Siempre hubo un circo romano que entretuviese a la plebe y, sin embargo, los escribas y amanuenses no cejaban en plasmar las ideas de los filósofos sobre papiros y pergaminos. ¡No! No son esos sus más implacables enemigos. Su vulnerabilidad y, por tanto, el germen de su autodestrucción, está implícita en la inadecuación de sus fines tradicionales a las actuales circunstancias sociológicas y económicas.

Adelantándose al principio de indeterminación de Heissenberg, un conocido pensador alemán señalaba como tesis central en el proceso de validación de hechos y análisis la ausencia de verdades absolutas, la falacia de

45

blancos y negros puros en cualquier proceso racional. Sólo lo gris en todas sus gamas, es decir, la matización continua, las verdades condicionales y no excluyentes, cuando no el análisis hecho desde ángulos dispares, conforman la certeza de las hipótesis y la validez de los métodos. Y durante años, ese fue el ámbito en que desenvolvía la prensa. Al decir de un filósofo español de fines del XIX -colaborador continuo de los medios de la época-, *"en el silencio reflexivo de la lectura intimista, se conforma la opinión del usuario por medio del contraste de pareceres y de la matización de las ideas"*. Objetivo inalcanzable hoy día para una clientela que, inmersa en el más oscuro hedonismo y presa de una rapidez que la conduce por laberintos circulares, que no llevan sino al naufragio personal descrito por Sabina, ¡sólo es capaz de manejar y usar habitualmente una media de cien vocablos lingüísticos! Con tales mimbres, el hombre ordinario abomina de la matización de las ideas, considerándolo un ejercicio inútil, tedioso y fuera de su alcance. En el páramo intelectual en que se desenvuelve, sólo los creadores de eslóganes y pancartas tienen asegurado su sitial en la pitanza. Así, al socaire de grandes tiradas y a la entrada de *banners* indeseables, proliferan los medios de difusión gratuita y los tabloides en Internet, plenos los primeros de amarillismo y los segundos de una inmediatez innecesaria. Salvo casos muy excepcionales, la prensa tradicional no es hoy un buen negocio. Si aún vemos sobrevivir a cabeceras importantes, que asilan la palabra y el ideario de analistas e intelectuales , no nos engañemos: los grupos mediáticos que las controlan, aparte de conseguir un plus de independencia y credibilidad para sus medios, soportan las pérdidas en función de que sus empresas de comunicación constituyan cabezas de puente para el resto de las actividades del grupo, conformando a la opinión pública en la justificación y cobijo de las actividades menos espirituales pero mas rentables. Incluso, en no pocos casos, las redacciones o direcciones se confabulan en la vulneración puntual de los principios periodísticos en aras de un sensacionalismo que incida en la cuenta de resultados, que beneficie a los conmilitones ideológicos o satisfaga al poder político dominante.

Y es en medio de esa selva donde hoy se produce el alumbramiento del periódico que tienen entre sus manos. En esta **gozosa epifanía**, también él deberá enfrentarse a las contradicciones que le impone su ámbito de difusión: el localismo a ultranza, la escasez de medios, la presión de los poderes fácticos locales, la incomprensión....¡enemigos no han de faltarle!

Más, una cosa abriga nuestra esperanza: a pesar de aciertos y errores pasados, a pesar de posibles discrepancias o del cobijo dado a extremismos excluyentes -exentos de razonamiento en muchos casos o con una visión sesgada de la historia en otros-, el *alma mater* del proyecto ya mostró en *"La Villa"* sus mejores armas: su resuelto caminar, la tozudez en la defensa de sus ideas, su determinación, su imparable y optimista impulso juvenil... Enhorabuena pues, y larga vida a esta pequeña llama de la cultura que se instala en el Andévalo.

Tragedia

Juan Manuel Borrero

Las cosas que tú auguras me turban y me llenan de estupor.
Pero no espero que se cumplan, aunque las quisieran los mismos dioses.
Homero. La Odisea.
Rapsodia Tercera.

Los que de una manera inexplicable estamos sujetos al magnetismo telúrico de El Andévalo - que nos obliga, una y mil veces, a acercarnos a nuestras raíces primigenias para aplacar la desazón de la ausencia- asimismo, como ocurriera en los avatares descritos por Gabriel García Márquez en *Crónica de una muerte anunciada*, a la fase final de una tragedia griega.

Tragedia, ¡sí!, ya que aunque en cualquier género literario los protagonistas muestren una multiplicidad de sentimientos, instintos y situaciones de cualquier laya y condición, siempre lucharán por esculpir las circunstancias en que el tiempo y el azar los situaron; aunque el fracaso les aguarde, siempre se rebelarán contra su situación personal para domeñarla, o al menos, paliarla. Por contra, la tragedia clásica queda

---

"La tragedia está llegando al acto postrero. Una tonelada de pirita vale menos que una de arena"

---

marcada por lo inexorable de los acontecimientos y la imposibilidad de los personajes de hacerse dueños de su destino: Esopo, a pesar de los oráculos, inapelablemente acabará por matar a Layo, su padre, y desposar a Yocasta, su madre, antes de destruir a la Esfinge y cegarse voluntariamente.

Inexorables, y por eso actos de una tragedia clásica que se desarrolla ante nuestros ojos, son los avatares en que se desangra nuestra tierra: arcaico el Tharsis bíblico de metales preciosos y comerciantes fenicios; lejanos los años del primer decenio del siglo pasado en que la Primera Guerra Mundial nos hizo el centro mundial de producción de piritas, material imprescindible primero en la producción del ácido necesario para elementos bélicos y, años más tarde, producto básico para determinados procesos industriales de síntesis... Como homenaje a generaciones pasadas de hombres de mirada honda, alma grande y foco de carburo vayan algunos nombres que aún vagan por nuestro recuerdo de niño y, que, por su aparente escasa importancia productiva, son desconocidos para las nuevas generaciones : la mina Reunión , la Campanario, San Miguel, Herrerías...

Pero la tragedia está llegando al acto postrero. Una tonelada de pirita vale hoy bastante menos que una de arena, y el ácido sulfúrico -aparte de la contaminación que conlleva su producción industrial- ha dejado de ser elemento imprescindible en procesos de síntesis. El desenlace es reciente: jubilados con poco más de

---

"Acabaremos como Comala, la mítica ciudad en la que sus habitantes estaban muertos sin saberlo"

---

cuarenta años auguran un panorama desolador para estas tierras rojizas de eucalipto y metal. Aunque la jubilación haya resuelto el problema de algunos (y de ello nos alegramos), si la bajada demográfica es alarmante en nuestros pueblos, hasta el punto de poner en peligro la viabilidad de algunos centros y líneas educacionales, si las risas de los niños están siendo paulatinamente sustituidas por las toses de nuestros ancianos, si hasta los que amamos nuestra tierra hasta la extenuación -pero estamos fuera de ella- no hemos sido capaces de transmitir tales sentimientos en nuestros hijos, si las escasas diversificaciones productivas de la zona no han cosechado sino rotundos fracasos, si la esperanza ocupacional de algunas poblaciones pende de la apertura de geriátricos, ¿no acabaremos como Comala, la mítica ciudad descrita por Juan Rulfo en su novela Pedro Páramo, en la que todos sus habitantes estaban muertos sin saberlo...., muertos en la apatía, la desolación y lo inexorable del destino?

(Cita)

Las cosas que tú auguras me turban y me llenan de estupor. Pero no espero que se cumplan, aunque las quisieran los mismos dioses. **Homero. La Odisea. Rapsodia III.**

48

(Texto)

Los que de una manera inexplicable estamos sujetos al magnetismo telúrico del Andévalo - que nos obliga, una y mil veces, a acercarnos a nuestras raíces primigenias para aplacar la desazón de la ausencia- asistimos, como ocurriera en los avatares descritos por Gabriel García Márquez en *"Crónica de una muerte anunciada"*, a la fase final de una tragedia griega.

Tragedia, ¡sí!, ya que aunque en cualquier género literario los protagonistas muestren una multiplicidad de sentimientos, instintos y situaciones de cualquier laya y condición, siempre lucharán por esculpir las circunstancias en que el tiempo y el azar los situaron; aunque el fracaso les aguarde, siempre se rebelarán contra su situación personal para domeñarla, o al menos, paliarla. Por contra, la tragedia clásica queda marcada por lo inexorable de los acontecimientos y la imposibilidad de los personajes de hacerse dueños de su destino: *Esopo*, a pesar de los oráculos, inapelablemente acabará por matar a *Layo*, su padre, y desposar a *Yocasta*, su madre, antes de destruir a la *Esfinge* y cegarse voluntariamente.

Inexorables, y por eso actos de una tragedia clásica que se desarrolla ante nuestros ojos, son los avatares en que se desangra nuestra tierra: arcaico el Tharsis bíblico de metales preciosos y comerciantes fenicios; lejanos los años del primer decenio del siglo pasado en que la primera guerra mundial nos hizo el centro mundial de producción de piritas, material imprescindible primero en la producción del ácido necesario para elementos bélicos y, años más tarde, producto básico para determinados procesos industriales de síntesis... Como homenaje a generaciones pasadas de hombres de mirada honda, alma grande y foco de carburo vayan algunos nombres que

49

aún vagan por nuestros recuerdos de niño y, que, por su aparente escasa importancia productiva, son desconocidos para las nuevas generaciones: la mina Reunión, la Campanario, San Miguel, Herrerías...

Pero la tragedia está llegando al acto postrero. Una tonelada de pirita vale hoy bastante menos que una de arena, y el ácido sulfúrico -aparte de la contaminación que conlleva su producción industrial- ha dejado de ser elemento imprescindible en procesos de síntesis. El desenlace es reciente: jubilados con poco más de cuarenta años auguran un panorama desolador para estas tierras rojizas de eucalipto y metal. Aunque la jubilación haya resuelto el problema de algunos (y de ello nos alegramos), si la bajada demográfica es alarmante en nuestros pueblos, hasta el punto de poner en peligro la viabilidad de algunos centros y líneas educacionales, si las risas de los niños están siendo paulatinamente sustituidas por las toses de nuestros ancianos, si hasta los que amamos nuestra tierra hasta la extenuación -pero estamos fuera de ella- no hemos sido capaces de transmitir tales sentimientos a nuestros hijos, si las escasas diversificaciones productivas de la zona no han cosechado sino rotundos fracasos, si la esperanza ocupacional de algunas poblaciones pende de la apertura de geriátricos, ¿no acabaremos como Comala, la mítica ciudad descrita por Juan Rulfo en su novela *"Pedro Páramo"*, en la que todos sus habitantes estaban muertos sin saberlo...., muertos en la apatía, la desolación y lo inexorable del destino?

La Villa. 30 de Diciembre de 2005

■ **INFORME HISTÓRICO-ECONÓMICO**

Los dineros de la Iglesia

Juan Manuel Borrero

(Texto)

La financiación de la iglesia por parte del estado tiene su origen en dos hechos trascendentes ocurridos en el siglo XIX: las desamortizaciones de Mendizábal (1834-54) y la posterior de Madoz. La primera, impulsada por gobiernos liberales y apoyada por el anticlericalismo, procedió a la venta de propiedades rústicas e inmuebles del clero regular y de parte del secular. Para paliar este despojo, sin compensación, el estado adquirió el compromiso (1851: firma del concordato de Bravo Murillo con la Santa Sede) de proteger al clero con subvenciones, exenciones fiscales y salarios. La segunda, de mucha más importancia cuantitativa, aunque menos conocida, afectó a lo que restaba de las propiedades no desamortizadas e incluso incluyó en el proceso a bienes municipales. Las consecuencias fueron nefastas para la estructura económica del país. Las pujas en las ventas de las fincas en almoneda sólo estaban al alcance de las clases más pudientes, con lo que, la pretendida idea de aumentar el número de pequeños propietarios o que accediesen a la propiedad algunos aparceros, acabó en lo contrario: la incorporación de las tierras desamortizadas a los latifundios preexistentes. Pero el desastre fue mucho más allá: tras la venta, no solo de edificios conventuales y fincas rústicas y urbanas, se perdieron inmuebles dedicados por la iglesia a hospitales de caridad y centros de enseñanza, actividades que, en aquellos años, el estado fue incapaz de asumir; asimismo, los aparceros y pequeños propietarios que alquilaban las tierras eclesiales a bajo precio se vieron imposibilitados de hacerlo; complementariamente, la desamortización de Madoz, interrumpió definitivamente el uso comunal de los pastos y baldíos de titularidad municipal. Aclaradas, pues, las bases históricojurídica de la financiación estatal a la iglesia católica, mantenida desde entonces, salvo en breves periodos republicanos del siglo XX, pasemos a analizar la situación actual, en sus aspectos puramente económicos.

Salvando algún posible lapsus en los datos, las transferencias del Estado a la Iglesia Católica para el presente ejercicio[13], se cifran en una cantidad aproximada de 3.200 millones de euros, distribuidos de la siguiente forma (datos en millones de euros): 2.500 para colegios concertados; 9 para el plan de catedrales; 500 para profesores de religión; 114 procedentes del IRPF y 32 como compensación por no alcanzarse la autofinanciación.

La partida de mayor peso (2500 millones) se destina **en su totalidad** al pago del profesorado de los colegios concertados. Teniendo en cuenta que el coste por alumno/ año en este tipo de instituciones es de 1840 € y el de la enseñanza estatal es de 3517 € (datos oficiales), **si el estado tuviese que atender en la red pública a los alumnos que en este momento se**

---

13. Nos referíamos al ejercicio en que está fechado el trabajo: 2005.

escolarizan en los concertados, tendría que incluir en los presupuestos del ministerio 4478,5 millones en vez de los 2500 actuales. A esto habría que añadir los gastos generados en la construcción de inmuebles donde albergar tales alumnos. Incluso, y con ello se pone en evidencia el profundo deterioro que ha sufrido la escuela pública tras la implantación de la LOGSE, a pesar de que de la diferencia presupuestaria apuntada cabría esperar lo contrario, aumenta notabilísimamente la demanda de los padres hacia los centros concertados mientras cae en picado el prestigio de la red pública.

La segunda partida (500 millones) tampoco las recibe la iglesia católica para los fines propios de la institución. Es consecuencia del <u>pago directo</u> del estado al profesorado de religión de la red pública. Podría entrarse en la cuestión de si las clases de religión deben impartirse en los propios centros. Sin entrar en tal cuestión, por razones de espacio, apuntemos algún dato y algunas ideas: parece evidente que, mientras subsista la situación contractual derivada del concordato vigente, los profesores de religión católica reciban el *placet* de su jerarquía; ¿acaso piensa alguien que para impartir doctrina islámica, por ejemplo, la idoneidad y la ortodoxia de las enseñanzas se fiscalizara desde fuera de sus propias estructuras? Apuntemos asimismo, y no es un hecho anecdótico, que es imposible el entendimiento y comprensión de la cultura universal sin un conocimiento de las religiones. Así lo entiende Finlandia (y la menciono porque el informe PISA lo señala como el país con mejores estructuras académicas y con más alta calidad de enseñanza en Europa) que, junto a otras alternativas minoritarias, financia a la religión luterana –la de mayor peso social- en las escuelas públicas. No nos engañemos. A los 500 millones de esta partida, que responden a la petición de clase de religión del 90% de los alumnos

53

de centros concertados y aproximadamente el 55% de los públicos, habrá que añadir, afortunadamente y mas pronto que tarde, el pago del profesorado de otras religiones, más los costes de incluir en los currículos académicos una opción alternativa, que, en la mayoría de los países, es la asignatura de Historia de las Religiones por el aporte cultural que proporciona a los discentes.

Los cerca de 120 millones que el estado aporta a los fondos propios de la conferencia episcopal, no es materia graciable de los gobernantes de turno. Proceden de la asignación del 0,52 % que, casi el 40% de los contribuyentes destinan para tal fin, marcando la cruz correspondiente en el impreso del IRPF. Por cierto y como ejemplo, en países como Alemania, de mucha menor tradición religiosa, el porcentaje alcanza el 0,8 %. De esta partida salen casi en su totalidad los salarios sacerdotales (media: 545,3 €/ mes, de los que hay que deducir los pagos a la Seguridad Social).

Los 9 millones que se reciben para el plan de catedrales no merecen mayor comentario. Piensen el coste (imposible sin el concurso de fieles, instituciones y últimamente por el cobro de entradas a determinadas zonas de alto valor cultural) del mantenimiento del patrimonio artístico de la Iglesia y los beneficios que de ellos se derivan. Si, como ejemplo, elegimos la Catedral de Santiago de Compostela ¿podrían cuantificarse los beneficios derivados del turismo que genera? Para qué seguir, si hasta la misma existencia de dicha ciudad está vinculada en sus orígenes a hechos religiosos.

Tras analizar las partidas, sólo nos queda una de 32 millones, que, esta sí, es consecuencia de la no autofinanciación total de la Iglesia. Como contrapartida a esta cantidad ¿han caído en la cuenta en la labor social que la iglesia depara y que, de no existir, debería ser asumida por el estado? Un importante columnista, destacado por sus concepciones humanistas, escribía hace poco: "... *el presupuesto de Cáritas durante el pasado ejercicio ascendió a 163 millones de euros, de los cuales más del sesenta por ciento -cerca de 100 millones- lo cubren las cuotas de sus asociados y las aportaciones de los católicos, a través de donaciones y colectas parroquiales; este porcentaje se eleva hasta el 83 por ciento en el presupuesto de Manos Unidas, que el pasado año logró recaudar 35 millones de euros procedentes de las cuotas de colaboradores y de las colectas. Son sólo dos ejemplos entre los miles de establecimientos y entidades católicas consagrados en cuerpo y alma a la ayuda de los más necesitados...*".

Si algunos tratan de olvidar la labor social de los 108 hospitales, los 120 ambulatorios o los centenares de comedores de caridad y casas de acogida para menesterosos detentados por instituciones religiosas, los cerreños no podemos. Séase o no creyente, profésese una u otra ideología, miren hacia la calle Padre Domínguez y vean la labor de las Hermanas de la Cruz en su asilamiento para ancianas. Calladamente y, a costes que si los comparáramos con los del mercado o incluso con los costos reales de instituciones públicas similares darían sonrojo, posibilitan la estancia de quienes nunca podrían financiarla. Y es que, querámoslo o no, la institución se sostiene no en criterios económicos sino en las creencias, el esfuerzo desinteresado y, en última instancia, se compartan o no, en la fe de quienes la detentan.

A despecho de lo evidente, algunos persisten en denostar cualquier ayuda financiera y de colaboración Estado-Iglesia. A estos cabe preguntar: ¿por qué financiar, entonces, a sindicatos o a partidos políticos? ¿Aceptarían estos que se incluyese una casilla para que los

contribuyentes marcaran su aquiescencia en financiarles?
¡Me temo que no!

La Villa. 30 de Marzo de 2006

■ INFORME POLÍTICO Y SOCIAL

El asilo como problema

Juan Manuel Borrero

(Texto)

Muchos años después de su inicio, el proyecto del Geriátrico sobre las Escuelas del Castillo, -en medio de la apatía de los cerreños, quienes, inexplicablemente, ni siquiera se han tomado el asunto con el *choteo* que cabría esperar de un pueblo crítico e inteligente-, se ha demostrado irresoluble para los sucesivos gestores municipales, que el tiempo y las urnas nos han deparado. Mas, no se entendería la persistencia y enquistamiento del problema si no se recordasen sus aberrantes comienzos. Contra las más elementales normas del sentido común, se eligió para su ubicación, no un espacio que facilitase la calidad de vida de los futuros usuarios y la accesibilidad de los servicios que habrían de aprovisionarlos, sino -no se sabe si por prepotencia o *burricie*- en un solar carente de tan esenciales características. A la humedad y frialdad derivadas de su ubicación en zona de umbría, a la estrechez de calles por las que apenas podrían transitar los servicios de recogida de basura y los camiones de abastecimiento, a la ausencia de zonas verdes y orografía imposible para el paseo de personas de edad avanzada, a la escasez de aparcamientos para visitantes y trabajadores, se unía el augurio de serias dificultades en la cimentación, por la conocida presencia de enormes rocas[14] en el subsuelo.

Pero, si la ubicación había sido un puro dislate, aún cabía algo de optimismo. Durante mucho tiempo, las mismas siglas políticas que regían el municipio controlaban la diputación, los poderes autonómicos y los estatales. Con tal padrinazgo y la existencia del preceptivo proyecto técnico, adecuado a la legalidad en aquellas fechas (suponemos), la colaboración y ayudas de entidades políticas y económicas y la firma de conciertos con entidades sanitarias y asistenciales parecían garantizadas, asegurando –como creyeron muchos- la conclusión del proyecto. ¡Mas, no! Con todo derecho y a pesar del tiempo transcurrido, los cerreños (salvo los amnésicos forzados por el clientelismo, quienes, sin dudarlo, permanecerán en la mudez más absoluta) deben preguntarse: ¿qué cúmulo de imbecilidades, transgresiones al proyecto original, decisiones erróneas y prepotentes, demoras y demás azotes a la razón y a la lógica debieron producirse para qué, con todas las bazas a favor, el proyecto no se concluyera? ¿A quién o quiénes cabe atribuir la paternidad de ese inexplicable y espectacular fracaso? Por simple higiene política, ¿no debería el grupo, entonces en el poder, haber condenado al ostracismo a los responsables del desaguisado, en vez de permitirles brujulear entre sus filas con relativa relevancia? ¿No debería cuestionarse el electorado si, unos y otros, siguen mereciendo su confianza y si se asumieron responsabilidades?...Y a los bienintencionados que, cie-

---

14. El problema se saldó con elevadísimos costes en maquinaria pesada y en retrasos desmesurados, que a la postre no sir vieron de nada, ya que hubo de acudirse al empleo de dinamita.

58

gos ante la nula capacidad de los promotores, achacaban a la escasez de financiación la debacle del proyecto, cabría preguntarles: ¿acaso, como funámbulos que trabajasen sin red, no contaron con informes previos –económicos y de viabilidad- que, de forma objetiva, avalasen la posibilidad de concluirlo?

Si traemos a capítulo lo que algunos incardinarían en el pasado, no es de forma gratuita. Esa estructura, que, sin voz, grita y denuncia el despilfarro y la inutilidad, es ahora más necesaria que nunca. Un estudio socioestadístico personal, cuyos resultados fundamentales algunos ya conocen y que haré público en su momento, demuestra lo que cualquier observador independiente intuía: la agónica caída de nuestro pueblo. Para un índice de vejez modificado[15] de *141,8 % (parecido al de Alosno, 12 puntos por encima de Calañas y, curiosamente, 23 puntos por encima de C Rubias)* bastaría aplicar los coeficientes que los organismos internacionales señalan como número óptimo de plazas asistenciales para poblaciones con similar índice de vejez, para comprender la necesidad de la apertura de la institución. Añadan las carencias –presentes y futuras- de la zona[16] y entenderán

---

15. Relación entre población mayor de 65 años y menor de 20 años.

16. Según las fuentes estadísticas, la provincia de Huelva dispone de 1562 plazas 8953 para mayores y 609 para discapacitados) lo que supone una tasa del 3 por mil, tasa baja para un índice de vejez del 88,12%. Parte de las necesidades del Andévalo Occidental paracen cubiertas -aunque el aumento de la demanda sube aceleradamente- por la institución ubicada en Tharsis. En nuestro municipio la demanda femenina la cubre, casi en su totalidad, la institución dependiente de las Hermanas de la Cruz.

la magnitud del problema. Pero, por desgracia, no es solo eso. Junto a la menor renta media (*9130 €/año*), presentamos las menores tasas de empleo (*31,2%*) y de actividad (*43,22%*) de los municipios de la muestra. Por contra, entre otras variables e índices igualmente calamitosos, *gozamos* de la mayor tasa de paro (*25,6%*), y el escasísimo tejido industrial está atomizado. ¿Cómo no destacar, entonces, la importantísima incidencia que la puesta en marcha de este servicio supondría para las estructuras socioeconómicas[17] de un municipio tan pequeño como el nuestro?

Si las antiguas responsabilidades y actuaciones parecen claras las primeras y fallidas las segundas, no lo parecen menos las intervenciones municipales de los últimos años. Según hemos sabido, salvo la petición de informes[18] y la demolición de algunos tabiques y estructuras -aprovechando algunas actividades de variada financiación-, el proyecto bascula entre la inanidad más absoluta y el oscurantismo más opaco. ¿Cuál es el estado del edificio respecto a la nueva normativa? ¿Se han valorado económicamente las posibles demoliciones y actuaciones complementarias para adecuar el proyecto al vigente orde-

---

17. Los empleos directos (limpiadoras, celadores, cocina, lavandería, auxiliares y técnicos) más los inducidos en servicios (comercios, bares, etc) aumentarían casi en 2,89 puntos la tasa de actividad. La tasa de paro podría bajar 1,97 puntos, si los detentadores de tales empleos llegaran todos a empadronarse en el municipio (resultados medios aproximados, obtenidos por extrapolación de los datos relativos al último año que se contempla en las estadísticas oficiales).

18. Según fuentes fidedignas, un voluminoso informe señala la inadaptación de las estructuras a la legalidad vigente, por lo que procedería, para su adecuación, la demolición de buena parte del actual edificio.

namiento legal? Si existen, ¿cuál es el estado de los conciertos de colaboración, que debieron firmarse en su día para la financiación del proyecto? ¿Se han estudiado e intentado nuevos conciertos financieros con el SAS y Diputación, a cambio de la prestación y/o cesión de los servicios asistenciales que estos deben asumir? Paralelamente, para conocer la capacidad real del municipio de poner en marcha el proyecto –solo o mancomunadamente-, se debería informar a la opinión pública de la situación, entre otros, de los siguientes datos: estado de créditos –si los hubiere- con entidades públicas y privadas; balances actualizados con la seguridad social y hacienda; estado de seguros funcionariales y pasivos similares; débitos a proveedores a corto y largo plazo; balance de cesión de derechos sobre suelo, inmuebles y similares y cuantas otras cargas y servidumbres se tengan contraídas. Por último, sería imprescindible un estudio sobre la capacidad de endeudamiento del municipio, y su relación con el porcentaje de inversiones en los últimos presupuestos consolidados.

Mas, las ilusiones son escasas[19]. Cuando, o se carece de la formación que permita valorar, entender y controlar las variables del problema, o se está en permanente

---

19. Nos ha sido posible acceder -vía datos oficiales- al último presupuesto que recoge el SIMA, para intentar extrapolar el monto presupuestario y las inversiones futuras. Aunque los datos presupuestarios de muchas entidades ya están disponibles (http:// www.juntadeandalucia.es/ institutodeestadistica/sima/htm/ 21023. htm), puede comprobarse en la dirección anterior que los de nuestro pueblo no aparecen , sin que sepamos si la ausencia es debida a una posible auditoría del tribunal de cuentas, a que no han llegado aún al organismo estadístico , o a cualquier otro motivo que no alcanzamos a comprender, ya que hablamos de datos relativos al 2001.

indefinición ideológica; cuando se brujulea para encontrar una reubicación política –salvamento personal a ultranza, que dirían los mordaces-; cuando, ante las instancias adecuadas, se obvia o se renuncia a la fortaleza en una reivindicación, tan de justicia como necesaria, quedan pocos resquicios para la esperanza. Como Boabdil en Granada, sólo nos queda llorar de impotencia ante lo que no nunca supimos gestionar ni defender.

● El derecho de propiedad no es sólo una fuente de libertad económica sino también de libertad política (Milton Friedman) ●

VIERNES
DE ABRIL DE 200.
AÑO
NÚMERO 0
PRECIO: 0.

EDICIÓN   HUELVA

EL●MUNDO
ANDALUCÍA

TRIBUNA
JUAN MANUEL BORRERO

La Biología como ejemplo

*(Nota: Es **premonitorio** el texto de este artículo, con los acontecimientos ocurridos en Cataluña el pasado octubre de 2018. En él se reflejan, de manera casi exacta, todo lo que había de ocurrir y, si dios no lo remedia, ocurrirá)*

Desde hace unas décadas - emanados del estudio de las relaciones entre las partes de los seres vivos y el propio ente biológico que las unifica, resume o colectiviza-, se han incorporado al acervo cultural los conceptos de *fulguración* y *emergencia*, no tanto por su validez en la ciencia que los originó, como por la invalidez que procuran al hasta entonces sacrosanto y universal principio racionalista *que identificaba el todo con la suma de los elementos que lo integraban*. Estos nuevos conceptos demuestran que **EL TODO ES SIEMPRE MÁS**. Tal como ocurre en Biología, en la casi totalidad de las ciencias sociales la suma integrada de las partes proporciona unos márgenes de coordinación, especialización, eficiencia y adaptabilidad que superan con creces la simple adición de los elementos constitutivos. Igualmente verdadera es la afirmación contraria: la disgregación de entes complejos, competentes y adaptados a su medio implican necesariamente para las partes disgregadas una disminución de especialización y eficacia, que concluye con la minimización de sus posibilidades futuras e, incluso, con su viabilidad existencial. La Historia, una vez más, nos proporciona ejemplos palmarios: la disgregación del Califato de Córdoba sólo podía alumbrar Taifas débiles e inoperantes. El ansia de pequeñas parcelas de poder de los reyezuelos les hizo olvidar que *el todo es siempre más*. El resultado es de sobra conocido: la llegada de las hordas integristas almohades y, finalmente, la aniquilación de Al-Andalus como sistema de convivencia.

Para nuestra desgracia, hoy como ayer, el ansia de poder o la transformación en dogma político de los sentimientos nacionalistas (identitarios y excluyentes siempre) han reabierto páginas erróneas de la historia, haciendo estremecer al país con la desazón de fuerzas centrífugas disgregadoras. En apoyo de este *sinsentido* no se ha dudado en tergiversar los datos históricos, elevar a categoría de realidad la simple mitología y fomentar el odio. No se han detenido en usar la lengua como arma política arrojadiza. No se han ocultado en anunciar la insolidaridad entre regiones, a poco que les sea favorable el clima político y la debilidad y estulticia de los dirigentes... No se han recatado, en fin, en anunciar la ruptura del marco de convivencia que supone la Constitución si acaso no se aceptan sus postulados.

En esta difícil encrucijada, no sólo se puede ser culpable por acción sino por omisión. La obligación ética de cualquier intelectual ha de ser gritar contra la falacia de los planteamientos nacionalistas. Reos serán de iniquidad histórica quienes prometan solidaridad, mayor bienestar o eficiencia en sistemas disgregados. ¡Mienten y, lo que es peor, lo saben!

Falsean la realidad quienes establecen una paridad racional o de intenciones entre quienes disgregan o son tibios en el proceso -cómplices por omisión al fin y al cabo- y quienes afirmamos que *cualquier cambio de fondo en el marco constitucional ha de estar modulado en los principios de máximo consenso, necesidad demostrable y viabilidad futura. Y todo ello, desde el formalismo legal y los modos que se determinan en el propio texto. Lo contrario, digámoslo sin recato, supondría un golpe de estado encubierto.*

Preso de la desazón ante el año que comienza, con la historia como referente, un recordatorio al sentido común y a los hombres de buena voluntad: así como los integrismos almohades no salvaron a los Taifas, el integrismo nacionalista acabará colapsando a aquellos partidos de ámbito estatal que se hayan puesto en sus manos para encubrir el naufragio de sus ideologías, justificar sus dislates, encubrir sus debilidades e incompetencias o alcanzar parcelas de poder a precio de chantaje.

El Mundo.Edición de Huelva.30 Abril 2005

TRIBUNA
Testigos impertinentes

JUAN MANUEL BORRERO

La semana pasada - por razones que no vienen al caso- quedé abocado a la utilización del ferrocarril de la línea Zafra-Huelva desde la estación término hasta el apeadero del Tamujoso, y me pareció estar envuelto en la espiral del pasado. Cuarenta y pocos kilómetros por hora de velocidad media conceden una eternidad al viajero, útil no sólo para la lectura sino para el recuerdo; sobre todo, si, llegada la estación de Calañas, se contempla el *maremágnum* de traviesas que allí se agolpan, esqueletos de pasadas ilusiones y ahora escarnio de políticos camaleónicos y electores olvidadizos. Una simple consulta retrospectiva no deja lugar a la duda de cómo el común de los mortales -la mayoría de las veces ayuno de análisis crítico pero cargado de buena voluntad- es utilizado como monigote en la confrontación política. En efecto, basta consultar la hemeroteca del 2002 y el 2003 para encontrar desde augures sindicales que pronosticaban la desaparición de la línea, hasta salutíferas propuestas de grupos políticos, ahora defensores del ferrocarril, pero que, en su época de gobierno, habían cerrado la Huelva-Ayamonte, se habían opuesto en el 92 y 93 en la Diputación a apoyar mociones puntuales en favor del tramo de nuestras cuitas y hasta su Ministro de Fomento, en el más puro razonamiento liberal-capitalista, había encadenado su existencia a la demanda que obrase sobre ella. Sin embargo, ahora no sólo exigían su salvación sino que pedían a gritos que el AVE llegase cuanto antes a Huelva – cosa, por cierto, que entraba en las previsiones del Ministerio- e incluso se extendiese hasta la frontera portuguesa, en similar recorrido al que ellos habían apuntillado años antes. En una nunca valorada preocupación por el bienestar común, una ilustre representante de nuestra provincia inquirió al gobierno central un torrente de preguntas (hasta 56 tengo contabilizadas, algunas del más curioso pelaje), que aún pueden encontrarse en los archivos del congreso. Nada. Nada debía escapar a la benefactora actividad de aquella heroína del transporte, empeñada en defender la vertebración Huelva-Badajoz que el mantenimiento de la línea permitiría. En paralelo, la Diputación incidía en propuestas similares y algunos alcaldes - cofrades unos, palmeros otros- convocaban plenos extraordinarios de repulsa contra la derecha, *"que hurtaba las tan necesarias inversiones"*. Por ultimo, curiosamente similares en muchos aspectos con las *democráticas* pautas señaladas en manuales estalinistas (capítulo sobre la coordinación de acciones en la agitación de masas, recuerdo), variopintas colectividades tañían tambores de protesta y convocaban concentraciones varias.

Pero la marcha del tiempo es inexorable. Ha pasado un año y **ya es hora de que los predicadores ofrezcan el trigo que antes exigían**. Tiempo es de que electores, sindicalistas y palmeros se hagan sencillas preguntas o las requieran a aquella diputada -hoy senadora- por si se aviniese a contestarlas: ¿Mantiene en la actualidad Fomento la inversión de 18,07 millones de euros que preveía el anterior gobierno en la respuesta a su pregunta 184/050795, para inversiones en la línea? ¿Se mantiene el plan de acceso del AVE a Huelva? ¿Cuándo? ¿y a Ayamonte? ¿Aprovechará la Junta el maná de la Deuda Histórica –<u>que (¡no dudamos!)</u> **<u>se pagará de una sola vez y en la cuantía que exigían en sus mítines</u>** -, para acudir en defensa de la línea a través de convenios de cooperación o contratos programa? ¿Cuánto han presupuestado para la vertebración del eje Huelva - Badajoz? En *román paladino*, **¿cuándo comenzaran a colocarse las traviesas que trajo el PP y que ahora dormitan bajo el cielo calañés?**

No dudo que una losa de silencio cubrirá estas reflexiones. Como se han cubierto con toneladas de hormigón los túneles del *Carmel* en *Tresporcientolandia,* a pesar de conocerse que escaseaba el cemento (¡oiga es que las comisiones cuestan un riñón. ¡Se entera!) y/o se autorizaban procedimientos peligrosos en la apertura de los túneles. P*ecata minuta* comparado con el hundimiento del *Prestige*, que, como todos sabemos, fue un asalto del Aznar y los suyos para abrir la vía de agua que acabó despanzurrándolo frente a las costas gallegas. No lo duden y dejémonos de coñas. Si las traviesas de la estación de Calañas desaparecen de aquel lugar, probablemente no será para la mejora de la línea, sino para evitar el escarnio de su presencia: **es la prueba palpable de las intenciones de unos y la demagogia de otros**.

TRIBUNA
JUAN MANUEL BORRERO

Sequía

(Nota: En este artículo, aparece mencionado por vez primera el alter ego del autor Fray Gerundio de la Carcoma, que, semanas después, habría de convertirse en el eje fundamental de la columna semanal "El rincón del Fraile").

Los que, hundidas nuestras raíces en este mar de eucaliptos en que se ha convertido el Andévalo, acudimos, una y otra vez, a su telúrica llamada, asistimos, inermes, a la debacle que se cierne sobre la escasa ganadería que aún resiste al miedo y a los bajos precios. Todo es sequeral y tierras pardas, sin que debamos achacarlo, en exclusiva, a la dureza de los elementos. Incluso para aquellos que suscribieron agroseguros sobre pastos, ahora se les discuten las coberturas, en base a un estudio estadístico -*la Universidad de Valladolid dixit*- que consagra la inexistencia de sequía en las zonas ganaderas andaluzas ¡Vivir para ver! Al hilo de esta desgracia y aprovechando la placidez de las noches cerreñas, mi mordaz y etéreo *alter ego* **fray Gerundio de la**

Carcoma, pone el acento en ciertas responsabilidades y enhebró el romance que, para deleite de todos, transcribo.

" *De las ministras de cuota / del Consejo madrileño,/ a la que manda en el agro / merece que destaquemos / dedicándole un romance / que glose sus desafueros, / su ineptitud, los dislates / que nacen de un intelecto / escaso de contenido / como demuestran los hechos. /*

» Según cuenta la "canalla" / -"plumillas" en ciertos medios- / equivocó el Organismo / del Parlamento Europeo / donde se piden los fondos / con que paliar los sequeros / en los que se han convertido / -por mor de los elementos- / las tierras de media España, / del Levante hasta el Andévalo.

» Y a los primeros les niegan / las bravas aguas del Ebro / a despecho que en Amposta / se derramen sin remedio, / para dar gusto a Carod, / (estirpe de picoleto, / antiguo seminarista, / provocador, pesetero) / a quien todo se consiente / por compadre del gobierno, / o como muchos pensamos / por asirlo de los huevos. /

» Más conviene recordar / a los votantes ingenuos / que la señora Narbona / cuando Borrell en Fomento / el triple de los caudales / al trasvase prometieron / y los planes eran otros / o la intención... puro cuento. /

» Pero volvamos a Elena / trascendental elemento, / del agro de nuestras cuitas, / blanco de los pitorreos. / A pesar de que acumula / un año en el ministerio / sus poses en las revistas, / los viajes, los floreos / y otras minucias mundanas / en que ocupara su tiempo / le han impedido aprender / lo que exigiera su sueldo. / Y rememorar conviene /cómo negoció el acuerdo / sobre algodón y tabaco / recién estrenado el puesto. / Un astuto comisario / del organismo europeo / distrajo a los españoles / como

a vulgares cabestros, / y de los fondos previstos / con que dotar el concierto, / se quedaron con lo magro / y largaron solo un sexto; / y después... otras migajas/ que paliaran el choteo / de presentar a Espinosa / como inepta sin remedio. /

» ¿Reincidencia en el error? / ¡ burricie sin más rodeos! / como ocurre en otros lares / del gobierno Zapatero, / que confunden personajes / de dibujos o tebeos / con los términos latinos / fueran dativos o verbos.

» Y con mentes tan preclaras / e intelectos tan excelsos, / con talantes tan sutiles / pero parcos en talentos, / se pregunta este frailuco / del Andévalo cerreño : / ¿ podemos ir a algún lado? / ¿a dónde nos llevan estos?

TRIBUNA
JUAN MANUEL BORRERO

Kilovatios racionados

Retrepado en el sillón de su escuálida y franciscana celda en los virtuales parajes del Andévalo, el mordaz **fray Gerundio de la Carcoma** sujetóse el bajo vientre, en un inútil intento de paliar la trémula agitación de sus tocinos, consecuencia de la risa floja que le embargaba. He aquí - enfatizó, mientras señalaba un titular de prensa- una retrospectiva lección de historia para disfrute de quienes no conocieron las cartillas de racionamiento. Si antaño eran unos curiosos sellos pegados en mugrientas carpetillas quienes testificaban carencias y hambrunas, ahora, el excelso **Montilla**, ante la demanda generalizada de kilovatios, pretende restringir su uso penalizando el consumo. Y como el interlocutor mostrase cara de extrañeza ante el razonamiento, continuó:

75

Imaginemos que un currante, vecino de cualquiera de estos pueblos del andévalo minero -en los que durante los agostos no se baja de los treinta y seis grados a la sombra- ha conseguido, tras mil sacrificios, mercarse un aparato de aire acondicionado con el que paliar la canícula. Lógico parece que tire de kilovatio, so pena de dejar frito al personal, y siempre, claro está, que la potencia contratada con la suministradora se lo permita. Pues bien, como la mayoría de los mortales parece estar instalada en el más puro egoísmo y anhela el goce de la frescura permanente, nuestro inteligente y benefactor Ministro de Industria, ante la posibilidad de que la producción eléctrica no pueda con la demanda y a falta de mejores ideas, parece dispuesto a penalizar ese consumo excesivo, cobrando el kilovatio según ignotas fórmulas y proporcionalidades. Y ahora, como contraste para que se entienda este desbarre político, imaginemos a otro individuo que durante el estío traslade su residencia a Baqueira Beret o a las frescuras de Punta Umbría, pongamos por caso. Este último, estoy seguro, no necesitará del aire acondicionado y, por tanto, contribuirá a la estabilidad del sistema eléctrico por lo que, aplaudido por el Montilla de turno, se verá libre de la penalización que grava - merecido se lo tienen, coño- a egoístas e insolidarios. ¡Curiosa redistribución socialista de los beneficios de la técnica! Curioso que con tales razonamientos se autodefinan como paladines del pueblo llano, y el personal, en un permanente ataque de imbecilidad, se lo trague.

●

Por si pudiese ayudar a la justa penalización que parece deslizarse en el magín de nuestro benefactor, el mordaz frailuco andevaleño propone como factor compensatorio, entre otros y de manera prioritaria la compra y distribución gratuita (con cargo al erario público, faltaría más) de diez millones de botijos y otros tantos abanicos, lo que redundaría en el I+D de las imparables comunidades extremeñas y andaluzas. Asimismo, la incorporación de un factor con que abonar a nuestra vecina Francia la producción masiva de energía eléctrica de origen nuclear, que nosotros le compramos porque no nos atrevemos a producirla, aunque, de producirse un accidente en alguna central (cosa en absoluto deseable, aunque altamente improbable), poco más o menos importaría a la osamenta de los andevaleños que ocurriese allende los Pirineos.

TRIBUNA

JUAN MANUEL BORRERO

Saharauis

Como cada inicio de verano, han reaparecido en algunos pueblos del Andévalo niños de piel de ébano que, como aves migratorias, llegan desde los arenosos y estériles campos de refugiados de Tinduf hasta nuestras rojizas tierras de metal y eucalipto. Los que nos visitan por primera vez, impelidos, quizá, por las narraciones de los veteranos (placenteras historias bajo las jaimas en el crudo invierno del Sahara), abren los grifos con incredulidad, se desasosiegan ante la posibilidad de lo efímero en el manantial de las duchas o se asombran del enorme mar que para ellos supone una simple piscina; semblanzas de un coránico edén, que, como regalo anticipado, les ofrecen las familias de acogida.

Hace un par de semanas, con ocasión de un concierto de la Escuela Municipal de Música de Moguer -celebrado bajo la impresionante mole de Santa María de Gracia en el Cerro-, tres de ellos (sentados en el suelo, postura de loto, mirada profunda y oído atento) se ubicaban junto a mí, extasiados no tanto por las notas de la banda sonora del *"Rey León"* como por la presencia de niños de su misma o menor edad ante los atriles. Y, como espectros que se superponían a la bonanza de los sonidos, ilusiones imposibles de olvidos nefandos; abandonos y soledades, sólo paliadas por los restos del naufragio de la solidaridad; emociones contenidas ante la indiferencia y el recuerdo de flagrantes mentiras de políticos oportunistas.

Corrían otras épocas y, como el tiempo ha demostrado, otras eran las intenciones del circunstancial apoyo de determinados partidos políticos a la causa saharaui. ¿Dónde están ahora los organizadores del *paripé* carnavalesco en el Parlamento Andaluz, que ofreció - televisión incluida- un *referendum* para el apoyo a la emancipación del Sahara?, ¿dónde sus protestas contra los recientes sucesos y las represiones de los saharauis?, ¿dónde quienes debían clamar contra las expulsiones de observadores nacionales e internacionales?, ¿dónde los que, aprovechando visitas políticas, se olvidan pedir explicaciones por el flujo de pateras, la llegada de menores o el tráfico de hachís?, ¿dónde las autotituladas progresistas, que se esconden y callan ante violaciones de mujeres?, ¿dónde quienes deber pedir explicaciones ante las concesiones de búsqueda de petróleo en la plataforma marítima del Sahara por una potencia que ni es la dueña ni la potencia colonizadora del territorio? ... En fin, están donde siempre estuvieron: en el aprovechamiento político que supone el desgaste del contrario. Están donde siempre han estado: en la sumisión ante los postulados de los intereses marroquíes, bastante claros y fácilmente Identificables. Ante la orfandad ideológica en que les sumió la caída del muro y a falta de mejores ideas, están en la imbecilidad y el cuento de la alianza de civilizaciones (Mongolia, Cuba y Venezuela nos contemplan), mientras los vecinos del sur sustituyen, paulatinamente pero sin pausa, nuestros intereses por los de los gabachos. Están en la deconstrucción gratuita de un país, no sólo a manos de planteamientos nacionalistas - ética e históricamente espurios-, sino en el atolondramiento e ineptitud de nombramientos diplomáticos que, ayunos de documentación histórica o por mala fe, son partidarios de ceder graciosamente Ceuta y Melilla, olvidando que la realidad de dichas ciudades es anterior a la propia existencia como entidad político-jurídica de los beneficiarios del posible regalo. ¿Para qué seguir preguntando sobre mentiras y dislates? Si el desmemoriado votante prefiere el estercolero moral e intelectual de variopintos programas televisivos al esfuerzo de leer y de pensar, sólo nos cabe repetir lo que dijese un castizo: *"Llueven chuzos de punta ... dios permita que sea leve"*.

EL RINCON DEL FRAILE
JUAN M. BORRERO

Retorno

(Nota: Esta fecha inicia la presencia de una columna semanal en el periódico, bajo el título genérico " El rincón del fraile").

Llegados los últimos días de Julio, próximas las ferias andevaleñas, *fray Gerundio de la Carcoma* no necesita hojear el anuario económico del Instituto Nacional de Estadística para auscultar las bonanzas o penurias de las tierras españolas y, por ende, de aquellos paisanos que, otrora, emigraron en busca de mejores perspectivas. Bástale abrir el postigo de su celda para comprobar el trasiego de vehículos con matrículas foráneas, el número de elementos del mismo clan que pululan bajo el virtual conventículo en el que habita, o la presencia o ausencia de oriundos en las mesas de los bares cercanos a Santa María de Gracia para dilucidarlo sin ambages. ¡Coño! -exclamó con la impudicia que le asaltaba en los momentos de desconcierto, al descubrir a varios miembros de la misma familia, reiterados ausentes de los veranos cerreños- ¡Si no recuerdo mal, el *pater* emigró hace años a las Vascongadas! – Y con el mordaz tono de siempre, espetó a su interlocutor: Tan masiva presencia familiar sólo puede obedecer al anuncio del casorio de algún vástago, a la enfermedad del patriarca o a acabar con la paletilla de cerdo bellotero sacrificado en la pasada matanza y que, en los agostos, junto a una buena ensalada de oréganos, está en el óptimo punto de cata.

— No es raro que entre quienes ahora llegan encontremos alguna Oyane o algún Aitor- le interrumpió su interlocutor, cambiando el tercio del diálogo- Es la demostración simbólica –replicó- de que a una primera generación de honestos emigrantes ha seguido una segunda en que se impuso el desarraigo y, desgraciadamente, otra tercera en que la imbecilidad y el mimetismo han acabado imponiéndose.

» A pesar de su aparente integración, ni Oyanes ni Aitores, conocen un *carajo* de la verdadera historia de la zona en que ahora viven. En ningún momento ha existido Euskadi como ente territorial. El *palabro* es un invento del orate Sabino Arana, quien, tras dicho término, trataba de visualizar lo que jamás había existido.

Sépase que Vizcaya se unió, voluntariamente, a Castilla en el siglo XII; Guipúzcoa hizo lo propio un siglo antes, por solicitud voluntaria de su Junta General, incluyéndose en la documentación de la época el término "castellano" para los naturales de Guipúzcoa; para más *inri*, en 1468 hicieron jurar al entonces rey castellano Enrique IV *"que jamás enajenaría villas y pueblos guipuzcoanos…"*, comprometiéndole a no apartarla de Castilla ni bajo dispensa papal. Álava solicitó la incorporación al reino castellano en 1200, exigiendo, como sus vecinos, la no enajenación de su territorio bajo ninguna causa.

En definitiva, que las tres provincias que según Arana siempre formaron el Euskadi Sur (de Euskadi Norte ya se encargan los franceses de carcajearse en las narices de los iluminados), han ido siempre cada una por su lado, y siempre con el castellano (romance) y el vascuence como lenguas igualmente utilizables para las reuniones de los junteros...Y de la relación con Navarra, en la que fundamentan su expansionismo, mejor harían en callarse. Un alcalde peneuvista, no hace mucho, aclamaba a Sancho Garcés III como primer rey de los vascos, sin caer en la cuenta que su indigencia cultural le dejaba con el culo al aire: en el acta de traslación del cadáver de dicho rey a San Millán, creo que alrededor del año 1030, se le definía como "*rey de las Españas*", en consonancia con las pretensiones del reino, que consistían no en la creación de una entidad territorial vasca sino en la reconquista del territorio peninsular.

EL RINCON DEL FRAILE
JUAN M. BORRERO

Parábola con fondo naval

(Texto)

Superada la perorata del visitante en su virtual celda andevaleña, *Fray Gerundio de la Carcoma* sujetó los tocinos que abombaban el sayo, se ajustó el cíngulo y tras reflexionar brevemente, contestó: "Mira hijo, aunque trabajes en Astilleros – de lo que me alegro por lo magro de nóminas pasadas- y demuestres tu contento por la carga de trabajo que, dices, llegará al sector, desgraciadamente, todo será *pan para hoy y gazuza para mañana*". Y continuó: Para que tu caletre no se ofusque con datos propios de expertos en economía y geopolítica, te lo explicaré como hiciese en la edad media el astuto

84

Patronio con su señor, el conde Lucanor.

» Imaginemos que alguno de nuestros más emblemáticos taberneros del Cerro, tras comprobar una continuada merma en su parroquia, estuviese en el cercano y doloroso trance del cierre definitivo de su industria. Especulemos, asimismo, que, asesorado por algunos sectores sindicales, y dado que las leyes garantizan igualdad para todos, tras cortar el puente del *Tamujoso*, quemar neumáticos en la rotonda de San Benito y emboscarse con tirachinas contra los guardias municipales, exigiese de las autoridades locales carga de trabajo para su negocio. De serle concedida tal gracia, a nuestras ínclitas y benefactoras autoridades solo les cabría adoptar una de las siguientes medidas: hacer una forzosa leva de usuarios, obligándoles, bajo penas diversas, a dispensarse continuados ataques al hígado en el establecimiento en cuestión; financiar -*por lo bajini*- parte del valor de las especies que se sirvan, con lo que los clientes, atraídos por la nueva relación calidad-precio, florecerían como setas en primavera; solicitar -haga o no falta pero siempre con cargo a los presupuestos locales- el material suficiente hasta equilibrar la economía del establecimiento, o, efectuar idéntico cambalache utilizando un testaferro, aunque haya de constituirse en fiador, el nuevo cliente tenga fama de moroso, o la esencia etílica del producto le haga más belicoso para con sus vecinos.

●

Tal es el problema de la construcción naval española, enfatizó. Como no parece que la Comunidad Europea tolere mangancias como las que sacarían a nuestro vinatero del coma económico, a Zapatero (probablemente *acollonado* por los posibles cortes en el Puente Carranza o por la presencia de piqueteros en Huelva o Sestao) y a algunos *barandas* autonómicos –que, en su momento y para desgastar al contrario, pagaban transportes de manifestantes y justificaban de forma solapada actuaciones de desorden- sólo les quedan ridículos fuegos de artificio con que cautivar a los incautos. ¿Cómo conjugar la contrata de barcos para la armada si , a partir de ahora y en virtud de la paz perpetua y de la alianza de civilizaciones a que nos conduce la munificencia de los próceres, nuestros marinos acabarán transformándose en tropas de la *Srta. Pepis* o en terminales de ONGS? ¿Para qué encargar costosísimos barcos de guerra o transporte, si nuestros vecinos del sur nunca expresarán reivindicaciones territoriales, nunca mostrarán ansias expansionistas hacia nuestras islas del atlántico, nunca pondrán en duda nuestros derechos sobre parte de la plataforma continental o concederán derechos de prospección petrolífera en lugares de soberanía difusa?

El Mundo. 26 Agosto 2005. Ed. de Huelva

EL RINCON DEL FRAILE
JUAN MANUEL BORRERO

Mantero como caricatura

(Texto)

A despecho de la relatividad que invade el pensamiento contemporáneo, es imposible conciliar determinadas actitudes personales con los requerimientos sociales que se esperan de las profesiones que se detentan. Así, por ejemplo, es imposible compatibilizar la profesión de juez con actos prevaricadores. Tal conjunción atenta, radicalmente, contra la esencia profunda de la función que la acción pretende regular. El disparate se agrava hasta la náusea si a tal aberración se añade la jactancia y publicidad de quienes, inmersos en dichas incongruencias, la justifican en sus deseos de cambiar -a título personal y al precio que sea- los modelos preexistentes.

Similar al ejemplo propuesto es el caso de quienes pretenden conjugar su condición de sacerdotes católicos con un reconocimiento público de opciones gays. ¡Entiéndasenos bien! No tratamos de juzgar la adscripción sexual de nadie. Simplemente afirmamos que tal adscripción es incompatible con los presupuestos de la organización religiosa a la que se pertenece, y a la que se llegó -de forma libre- conociendo sus reglas y modelos. Tan grave es que un juez dicte –a sabiendas- sentencia injusta, como pretender seguir dirigiendo la espiritualidad de unos feligreses que, inmersos con una opción ética determinada y libremente elegida, deben obedecer, aunque sólo sea a nivel teórico, a quien la niega, denosta o relativiza. ¿Qué guía espiritual podría esperar un padre católico si decidiese enviar a sus hijos a un catecumenado bajo tales responsables?

●

Podría argumentarse -y de hecho así se hace- el pretendido fariseísmo de las organizaciones que *toleran* en privado lo que condenan en público. Yerran quienes así argumentan contra la Iglesia Católica. De conocerse tales actitudes, y en consonancia con los conceptos de arrepentimiento y perdón que se derivan de su doctrina, se utiliza la reconvención, la obligada fase de reflexión y, en último caso y si no se produce el arrepentimiento, la suspensión de determinadas funciones. Así es el protocolo, aunque algunos, en un asqueroso acto de hipocresía, simulen un cambio de conducta, que, a la larga, no hace sino perjudicar gravemente a la organización a la que dicen servir.

Nadie tiene derecho a juzgar a un sacerdote católico si éste, asumiendo las incompatibilidades entre una opción gay y sus funciones espirituales, decide abandonar estas. Sin embargo, todos los católicos están en el derecho de juzgarle si, sin querer abandonarlas y jactándose de su opción, pretende cambiar las estructuras y enseñanzas para transformarlas en un traje espiritual a su medida. ¿Por qué no predican una nueva doctrina y crean una nueva iglesia en la que se hagan compatibles sus funciones y sus opciones personales? Allá ellos si, como indicaba el cura Mantero en una pasada entrevista en este mismo medio, acaba uno transformando el "*sin pecado concebida* " en "*sin pescado con cebolla*". Allá ellos si, en la creencia de que "*El Señor de los Anillos*" difunde similares opciones éticas que los Evangelios, fundan la *Iglesia Cristoélfica de la Anunciación Gay* y declaran a determinada revista como su hoja parroquial. Allá ellos si equiparan el misticismo al placer sexual. Lástima que por fomentar el ego a base de publicidad equívoca o soslayar profundas incongruencias personales, nuestro paisano valverdeño se haya trasformado en una caricatura de sí mismo. ¡Lástima!

El Mundo. 3 Sepbre 2005. Ed. de Huelva

EL RINCON DEL FRAILE

JUAN MANUEL BORRERO

Brigadistas de gorra

(Texto)

He encontrado a fray Gerundio preso de un éxtasis indescriptible, consecuencia, sin duda, del grado superlativo que había alcanzado su cabreo, tras la lectura de los periódicos atrasados con los que algunas veces obsequio su soledad. No emitía, como sería consustancial con su decoro y condición, juramentos en sanscrito, arameo o latín (lenguas muertas al fin y al cabo) sino que expelía ventosidades y hacía higas, mientras paseaba por su virtual celda andevaleña. « ¡Que me apunten a ese partido político! ¡Que me hagan brigadista para poder *viajar de gorra*! - gritaba, fuera de sí-» Y continuó: «Ya que usted con sus artículos y el padre prior con sus maitines y laudes me tienen encadenado a este claustro imaginario, no dejen que sucumba sin que pueda deleitarme viajando a latinoamérica, para que estos ojos contemplen los maravillosos logros que ha alcanzado la revolución cubana, y los que próximamente conseguirá, en tierras de Maracaibo, Chávez, el nuevo ídolo bolivariano».

» Al igual que han hecho los Ayuntamientos de

Sevilla y Córdoba, financiando a la joven progresía antiimperialista (casi en todos los casos pertenecientes a IU, incluso sin ser vecinos de dichas ciudades), pretendo, en un futuro, que los acólitos de Cejudo, al igual que han hecho los de su cofrade Monteseirín, tomen nota del maravilloso destino que puede darse al erario público, financiando tales eventos, en los que, humildemente, suplico integrarme como un alegre brigadista más. Así podré comprobar de primera mano, como, sorteando ventiscas y tiburones, atraviesan el Caribe los balseros norteamericanos en busca del paraíso que le niega Bush. Quiero comprobar las insidiosas campañas imperialistas que señalan la existencia de miles de jineteras/os (véase para confirmarlo lo continuado del turismo femenino, a la búsqueda de *lo que tiene el negro*), obligados revolucionarios, que han hecho del sexo un medio para paliar el hambre. Ansío comprobar la inexistencia de presos políticos, que los derechos de los gays son respetados, que la corriente eléctrica funciona todo el día, que es una infamia que existan farmacias donde sólo se dispensan medicamentos a los turistas o, para no hacer exhaustivo el índice, que el último anhelo del castrismo consista en que todas las familias dispongan de una olla a presión».

E indicando que lo peor de su perorata aún estaba por venir, ventoseó de nuevo y continuó:« Para mayor *inri*, en las concentraciones derivadas del evento, una concejala, demostrando la amplia cultura que debió adquirir tras pasar por la LOGSE, se permitió alentar las pretensiones expansionistas marroquíes, incluyendo, a quienes *apoquinamos el viaje de gorra,* en el grupo opresor e imperialista, por no devolver las ciudades de Ceuta y Melilla. ¿Sería mucho pedir -gritó- que examinaran de historia elemental a los cargos públicos, evitándonos así el bochorno? ¿Ésta no sabe que Ceuta pasó a pertenecer a la corona de Felipe II, tras la muerte del rey luso Se-bastián I? ¿ Acaso no conoce que, tras la independencia de Portugal, en tiempos de Felipe IV, la ciudad no volvió a la corona portuguesa, como cabría esperar, por decisión plebiscitaria de sus habitantes? Se desmonta así cualquier argumentación que justifique la devolución de esas ciu-dades a un estado (Marruecos) que en aquellos entonces ni siquiera existía». ¿Pero, y los derechos de los moros que habitaban por esa zona con anterioridad?–interrumpí, para aguijonearle- «Al margen de las tribus que noma-deaban entre la costa y las laderas del Atlas –continuó-, los únicos de tal condición procedían de la península, ya que en el año 931, *Faray ben Ufair*, en nombre del califa de Córdoba Abderramán III, tomó la zona y los escasos vestigios de ciudad que aún perduraban de épocas griegas y bizantinas; por último, a la caída del califato, Ceuta acabó transformándose en un taifa bajo el dominio de *Yusuf ben Taxufin*».

Y señalándome la salida, me dio su bendición antes de sumirse en nuevas cavilaciones.

El Mundo. 10 Sepbre 2005. Ed. de Huelva

EL RINCON DEL FRAILE ·

JUAN MANUEL BORRERO

Gastronomía para un adiós

(Nota: En esta ocasión las linotipias o el error del corrector, nos jugó una mala pasada. El título de la columna era " Gastronomía para un adiós", y describía el fasto gastronómico en honor a nuestro cofrade cerreño Eladio Ferreras, que, como todos los años volvía a Bélgica por esas fechas. El error aparece diáfano, sin que de ello pudiese responsabilizarse al fraile).

(Texto)

Llegadas los postreros calores del verano cerreño, allá cuando confluyen la verbena de San Bartolomé en la plaza del Cristo con los ajetreos viajeros de quienes, con doloroso abandono de sus raíces, avatares de familia o trabajo les abocaron a acomodarse en otras tierras y culturas, a *fray Guillermo de la Carcoma* le es permitido el abandono de su virtual conventículo para acompañar a su *alter ego* en la planificación de los fastos y posteriores pitanzas, que, alrededor de la figura de *monsieur Ferrera* y previo a su retorno a los Países Bajos, organizan sus amigos de la nómada peña *El Olivo*. Si, desde los ancestrales cultos báquicos, todo lo lúdico gira en torno al *moyate*, la tertulia previa en la *Encina* trata de fijar

93

(bajo la inquisitorial fiscalización de *Antonio Chica Chica*, que se afana en el control de gastos y en el veto a dispendios injustificados) el tipo y la añada del vino a consumir, y que, ante la dolorosa ausencia de caldos autóctonos, casi siempre acaba siendo algún rioja de probada senectud, no sin que consten las protestas de *Gabriel Benítez*, *somelier* de nuevo cuño, quien, merced a sus repetitivos viajes al país del *bellotari*, ha finiquitado como converso de los vinos de la Ribera del Guadiana. Tras la tertulia preparatoria, algunos de los cofrades acabamos (con el fraile como fantasmagórico testigo) en la ermita de San Benito, catando los huevos con chorizo que, procedentes los primeros de las gallináceas que pululan libremente por las *Terrizas* y, los segundos, de la matanza casera del ermitaño, aderza Matea, su señora, con tanto o mejor arte que el caldo *pringao* y *sambenitero* con que en destacadas ocasiones nos sorprende. Y si acaso, la demanda de lo autóctono fuese excesiva y acabáranse chorizos, presas de paleta o similares, no decaiga el ánimo del viajero: pida patatas fritas cortadas en redondilla, criadas en huerta bajo estiércol, con los huevos de la ya descrita procedencia estrellados sobre ellas. Lo aseguro: ¡Lucio, un simple aficionado!

La noche del último viernes de Agosto, reunido el cónclave en la casa que *Pedro Romero* posee en las tierras de la Hermandad, se preparan y catan -por este orden- almejas a la marinera, sardinas asadas y pijotas de tamaño medio que, la madrugada de ese mismo día, el anfitrión se encargó de mercar en la Lonja de Isla Cristina. La mañana del sábado (tras una noche de permanente tamborrada por parte de cofrades insomnes por el alto contenido etílico acumulado) a quienes encontraron la dicha de estar algunas horas en brazos de *Morfeo*, les esperan *manguarillas* de aguardiente −zalamea o corte-

gana a elegir- mientras se prepara el café y se fríen reba-
nadas del pan, que aún puede encontrarse por estas
tierras procedentes de hornos tradicionales. Y a mediodía,
tras lograr que el fuego de encina nos dote de brasas sin
ápice de llamas, ¡al fin el cordero! Lechal, por supuesto y
que, para su sabor permanezca incólume hasta el asado,
el grande y bondadoso *Juanito Maerete* cria entre sus ove-
jas, cuidando que su peso no sobrepase las dos arrobas
y permanezca exento de cualquier atisbo sexual, que,
aumentando su nivel de hormonas, haga peligrar su cata
por el *humillo* a macho consecuente ("Espero que el cordero de este año no haya *pijado*, comenta inevitablemente
el cofrade belga"). Y así hasta que, acabada la pitanza, la
senectud del personal hace obligatoria la vigilancia del
colesterol y la cofradía acaba regresando a sus cuarteles
de invierno.

El Mundo. 15 Sepbre 2005. Ed. de Huelva

EL RINCON DEL FRAILE
JUAN MANUEL BORRERO

Duendes

(Texto)

A los alifafes de próstata que se derivan de su provecta edad, se ha añadido hoy una nueva preocupación para *fray Guillermo de la Carcoma*. Entre visita y visita al mingitorio, muestra su disconformidad con la jugarreta que los duendes de la informática, de la composición impresa o el formato periodístico han aplicado al título del último artículo publicado en su rincón. «Es inconsecuente -clama, aturdido- que se haya colocado a dios como sujeto a quien se ofrece una juerga gastronómica. Ni aunque las viandas y vinos fuesen (como efectivamente lo eran) de calidad excepcional, ni aunque pudiesen tildarse de "*bocatto di cardinale*"(que se podía), no acabo de entender, salvo travesura de esos duendes que le he mencionado, cómo los encargados del formato de las páginas o los redactores no llegaron a percatarse de que la actividades culinarias descritas en la columna se realizaban para despedir a *monsieur Ferreras*, y, por tanto, el título no podía ser "Gastronomía para un dios" sino "Gastronomía para un adiós" -Y continuó, esta vez en tono menos alterado- :Lo importante es que quedara patente

96

la bonanza de la cocina andevaleña y, al mismo tiempo, se iluminaran los pasos de posibles viajeros por estas tierras de pirita y jara. Quienes tenemos cierta edad y hemos estado al tanto de los trajines de la prensa o los libros, hemos visto a esos duendes hacer tergiversaciones mucho más jocosas y disparatadas que la supresión de una simple "a".

●

No sé si recordará – y me anunció con su pícara sonrisa el subido tono de alguna anécdota- el caso de aquel diario de mucho fuste, tirada nacional y próximo al abecedario que, hace décadas, promocionaba un paradisíaco lugar resaltando en el texto "*lo excelso de sus humedades, lo amplio de su vegetación autóctona y el sabor a salitre y marisma de sus entornos*", para acabar citándolo como el "COÑO de DOÑANA". Ni que decir tiene que al cajista, o al corrector de pruebas, se le había ido el subconsciente al carajo o, simplemente, habían sido los duendes de las linotipias quienes habían hecho de las suyas, cambiando la "T" por la enjundiosa "Ñ". Similar anécdota – continuó- fue la protagonizada, hace muchos años, por un diario que recibió el encargo de anunciar, en su edición dominical, un hotel de cierto postín, que acogía a los conductores y camioneros casi a mitad de camino entre la costa y la ciudad donde se editaba. Con el consabido choteo y escarnio del personal, que guardaba las páginas de aquel ejemplar como oro en paño, el placentero hospedaje que ofertaba el hotel "LA RUTA DEL MAR", dicen que por culpa de los duendecillos, se transformó, a toda tipografía y a cuatro columnas, en la mucho más placentera oferta de "LA PUTA DEL MAR". No obstante lo jocoso de las anécdotas anteriores – concluyó-, conviene evitar tales lances, no nos vaya a ocurrir como a aquel individuo apellidado Ansó, que tras comenzar a frecuentar el café Gijón en la época en que ya despuntaba como periodista y tertuliano un jovencísimo Luis María Ansón, el epigramista Pérez Creus le dedicó los siguientes ripios: "Por una ene / sépalo usté / este Ansó no es el nene / del ABC ".

El Mundo. 16 Septbre 2005. Ed. de Huelva

EL RINCON DEL FRAILE

JUAN MANUEL BORRERO

De náufragos a supervivientes

(Texto)

La situación del país –me aseguró fray Gerundio–
ha propiciado la aparición de especímenes singulares, que, en contra de cualquier lógica, pasan de náufragos a supervivientes sin solución de continuidad. Militar
en alguna de las organizaciones políticas que *parten el ba-
calao* en determinadas territorialidades o en el conjunto
del estado es, en casi todos los casos, una garantía de supervivencia junto a la teta presupuestaria. Sobre todo, si,
aunque se haya sido un incompetente en anteriores áreas,
o, lo que es peor, le hayan pillado a uno con las manos en
la masa de la ilegalidad o se proceda del *chaqueterismo*,
la organización política de turno hubo de lanzarlo por la
borda, para evitar debacles más cualificadas. Ejemplo
paradigmático lo encontramos en el reciente nombramiento de la Directora General de Relaciones Institucionales de la empresa ENUSA (participada al 100% por
entidades públicas y dedicada al suministro y producción
de derivados del uranio con destino a centrales nuclea-
res), que antes oficiaba de Consejera de Medio Ambiente

en la Comunidad de Castilla-La Mancha. Once muertos en un incendio de quince mil hectáreas, con su departamento en *Babia* –por no decir *en pelotas*- y habiéndose rechazado la ayuda de otras comunidades limítrofes, la hacían perfecta candidata para ser lanzada por la borda, no fuese que los *pardillos* del PP hubiesen aprendido ya los manejos usados por los trujimananes del Prestige y organizasen espectáculos similares. Y como, en un alarde de hipocresía, escribiera al Presidente de la Comunidad en su carta de dimisión *"...No soy persona que quiera aferrarse al cargo..."*, a los cuarenta días se le cambia el verde ecologista por el color del uranio enriquecido, para así asegurarle la *mamancia* presupuestaria.

●

Otro tanto puede decirse de quienes, a pesar de que su naufragio se produjo por incompatibilidad o legalidad difusa, al poco tiempo aparece el salvavidas partidario o el grupo familiar para uncirle de nuevo a la teta que fluye de los impuestos del contribuyente. Es el caso de un recién nombrado asesor en la Diputación de Sevilla (pariente directo de algún jerarca de altos vuelos), dimitido previamente de un cargo similar en el Ayuntamiento, tras facturar trabajos externos, incompatibles con la percepción de nómina de un ente público. Otros ejemplos (sin la aparente trascendencia de los anteriores pero con su misma escasez ética), nos muestran a náufragos de medio pelo, procedentes de algunos ayuntamientos onubenses, sobreviviendo –bastante bien, por cierto- en Giahsa o en alguna de las Mancomunidades.

Por último -y no podremos extendernos por necesidades de espacio-, encontramos a prenáufragos que aún disfrutan de bonanza marinera, pero otean un cambio radical en los vientos de la situación política. Nos referimos a algunos alcaldes provinciales -de más de un signo-, que, visto cómo está el *girigay* interno en unos casos y la absoluta falta de coherencia de siglas en otros, buscan la supervivencia, procurando que no se les note en demasía el nuevo corte que van adoptando sus chaquetas y *cantando por bajini* su novedosa afición a palos de mejor talante.

EL RINCON DEL FRAILE
JUAN MANUEL BORRERO

Campos de golf

(Texto)

Apesar de la persistencia en sus problemas prostáticos y del frecuente uso del mingitorio que de tales achaques se derivan, fray Gerundio accedió a recibir a un ecologista andevaleño, quien, a tenor de los rumores que circulaban sobre novedosas inversiones en la zona, pretendía pulsar su opinión sobre el asunto. «Se comenta –informó el visitante- que, en los llanos aledaños a la antigua explotación francesa de piritas de *Valdelamusa*, un grupo de inversionistas estudia la posibilidad de instalar un aeródromo para el uso y entrenamiento de ultraligeros y un campo de golf. Desde mi perspectiva -enfatizó- esas inversiones constituirían una agresión a la comarca no solo por el impacto ecológico que producirían, sino por el abusivo consumo de agua que conllevan esas instalaciones. Lo que conviene es sacar del marasmo y de la improductividad las cientos de hectáreas que Citrasa tiene en la zona, y darle carpetazo a las pretensiones de las que se habla –concluyó-».

●

« Mira hijo – contestó el fraile tras hacerle esperar un rato para vaciar su vejiga-, de Citrasa no puedo hablarte porque carezco de datos. No obstante, mi olfato me dicta que su actual situación no es cuestión de productividad sino de mercados. Hoy puede producirse cualquier cosa hasta en pleno desierto, y ahí están los israelitas para demostrarlo. El problema no es producir sino vender lo producido a costos competitivos. Si no es así, y a pesar de las ayudas que pueda recibir, que no pueden ser eternas, ¡apaga y vámonos! En cuanto a lo del campo de golf, el desconocimiento o la demagogia de algunos roza lo esperpéntico. Las, aproximadamente, cuatro millones de hectáreas de regadío que hay en España, consumen (a razón de entre 4 o 5 mil metros cúbicos/ hectárea), el 75% del total de agua nacional, quedando el 15 % para las ciudades y el 10% para la industria – dijo, tras abrir y consultar los anuarios que había sacado de un anaquel; luego continuó:- Los 170 campos de golf de nuestro país ocupan casi unas 15000 Has, cuyo consumo medio es de 4 mil m3/Ha, lo que supone el 0,3% del agua consumida en la agricultura. Si la rentabilidad media de una Ha. de regadío oscila, según los datos oficiales, en 3000 €/ año, a lo que habría que añadir el valor añadido de la industria hortofrutícola, compara, hijo, con los 200.000 € por Ha. y año que las cifras oficiales dan para el turismo asociado a este deporte y empezarás a *caerte del guindo*. Todo ello sin contar la diferencia abismal si relacionas el número de empleos por hectárea en la agricultura de regadíos y la del sector de ocio de alto *standing*. Asimismo, si como parece, la cicatería en subvencionar la política agraria comunitaria va en aumento, muchas tierras, tanto de secano como de regadío, deberán dejar de cultivarse, y bien pudiera pasar el agua destinada a la economía del ocio del 0,3% actual al 0,6% sin

103

aparente merma para el global y con una subida de beneficios y de empleo clarísimos. Y más, teniendo en cuenta que las zonas, como el Andévalo, serían, por su climatología, las que mejores perspectivas tendrían en este segmento, pudiéndose así paliar el altísimo paro que nos acompaña. Pero – concluyó, haciendo una higa- ¡No temas, que no caerá la breve! ¿Dónde está el aeropuerto cercano o las autopistas, que harían viable la presencia de golfistas en Valdelamusa? – Y se contestó, mientras le indicaba la puerta al contertulio- ¡Habrá que esperar a la tercera fase de la Andalucía imparable!

EL RINCON DEL FRAILE

JUAN MANUEL BORRERO

Pócima para desmemoriados

(Texto)

He encontrado a fray Gerundio más animado que de costumbre, no tanto por la ausencia de los achaques derivados de su edad como por la presencia sobre la mesa de su celda de un escrito, que alguien, conocedor de su mordacidad y mala leche, había hecho llegar, subrepticiamente, a su virtual celda cerreña, en la esperanza de que el opúsculo, vista la difusión que había alcanzado entre el paisanaje, suscitase alguno de sus sarcásticos análisis. Pasó a explicarme que en el libelo, tras afirmaciones de grueso calibre y enumeración de las promesas electorales del alcalde (en el aire unas e incumplidas otras, según sus autores), se pasaba a poner como *chupa de dómine* tanto al corregidor, como a alguno de sus ediles. ¡Rabos de pasas!, ¡rabos de pasas! Eso es lo que se necesita en estos casos -dijo- Y como mostrase mi extrañeza, me recordó un antiguo brebaje monacal, usado ya por mi abuela en los años cincuenta, cada vez que se acercaban las calendas de Junio y éste *plumilla* había de rendir exámenes en el Instituto La Rábida. Sí -afirmó convencido-, la cocción de rabos de pasas, a la que se añade una cucharadita de fósforo en polvo, es infalible remedio contra la pérdida de memoria. ¿Pero no va a entrar en los temas que aquí se plantean? -pregunté, no muy seguro, aún, de por dónde irían sus cavilaciones- Para hablar de acciones políticas (incluso locales) que se derivan de un nacionalismo circunstancial, de *girigay* permanente, escasa ideología y, en no pocos lugares, aledaño al ladrillo y la *mamandurria* –sí, lo que nuestro paisano de Paimogo Vaz de Soto ha bautizado como **blasinfantilismo**-, ya tendremos tiempo en el futuro.

●

Por ahora, sólo haré la caridad de referirme a los autores del libelo, necesitados con urgencia de la cocción de marras. Sepan quienes ahora piden explicaciones por los incumplimientos, que pertenecen a la misma cofradía de un alcalde madrileño, viejo profesor y autoproclamado marxista, a pesar de lo cual ha sido excluido del panegírico partidario, tras comprobarse las abundantes ronchas franquistas que, probablemente por no conocer las salutíferas propiedades de esta pócima, había *olvidado* en su currículo. Por si fuera poco y por eso lo traigo a colación, es autor de la lapidaria frase *"las promesas electorales están para ser **incumplidas**"*, que deja clara la desvergüenza de algunos a la hora de conseguir el voto de los incautos. –Tras una pausa, continuó:- Como creo que trasladará usted mis reflexiones a su columna y esto no le permitirá muchas florituras de espacio, sólo me referiré, como botón de muestra y no por falta de hechos similares, a aquellos paisanos, aparentemente desmemoriados, que acudieron al mitin de cierre de campaña de cierto partido. ¿Se acuerda alguno a cuánto ascendía, según se dijo en el acto, lo que los del PP debían pagar a los andaluces en

106

concepto de deuda histórica en plazo de una semana? ¿Se acuerda alguno con cuánto se contentaron y hasta cuándo se dilataría el proceso, una vez que sus cofrades alcanzaron el gobierno central? Como colofón a este triste asunto y ante la mudez de los otrora guerrilleros de la reivindicación económico-histórica, ¿han analizado las recientes declaraciones de un ministro sobre el tratamiento que darán en el futuro a la deuda incluida en el estatuto? – E indicándome la salida, me despidió con la frase: ¡Marchando un cubo de rabos de pasas!

El Mundo. 7 Octubre 2005. Ed. de Huelva

EL RINCON DEL FRAILE
JUAN MANUEL BORRERO

Indignidad y desguace (I)

(Texto)

En la mañana del pasado domingo, asomado al ventanuco de su celda, fray Gerundio observaba la cansina marcha de algunos jubilados hacia el Hogar del Pensionista, donde, entre briscas y tute, arrastran horas y lejanos recuerdos. Aciaga mañana -me dijo, señalando la prensa, en cuyas portadas aparecía la aprobación del Estatut- Si fueran conscientes del desguace que amenaza a este país y de las repercusiones que esto acarreará en sus bolsillos, en vez de tratar de ahorcar el seis doble, gritarían de indignación. Es incomprensible que un texto, muerto la pasada semana (tanto por su evidente inconstitucionalidad como por el desacuerdo de sus promotores), haya llegado a Madrid muñido por un irresponsable. Olvidando que las decisiones políticas corresponden al Parlamento, no le bastó a Zapatero prometer *vía libre* a cualquier *ocurrencia* nacionalista, para que ahora haya urdido acuerdos con quienes le sostienen la poltrona, poniendo en almoneda al país. ¡Que no se nos diga que el dislate aún puede ser corregido! Han llegado muy lejos y tratarán de engañarnos con operaciones cosméticas, que impidan al muñidor quedar con el culo al aire, por lo irreflexivo de sus promesas. El mismo que debe velar por la constitucionalidad de textos y leyes, acicalará el desguace ante sus cofrades, quienes, miedosos de no *salir en la foto* o perder puesto en el pesebre, le seguirán bailando el agua, rompiendo la solidaridad de la que tanto presumen y produciendo estragos entre las comunidades de menos recursos.

●

Tras afirmar: "*lo que es bueno para Cataluña, lo es para Andalucía*" ¿esperan algo de Chaves?; ¿le creen ahora, cuando, atisbando la magnitud del peligro, comienza a lamentarse y rasgarse las vestiduras? Al margen de fantasmadas y demagogias para incautos, ¿esperan algo de Ibarra?; ¿se opuso alguna vez al pacto de gobierno con partidos cuya pretensión es desguazar un país al que, teóricamente, debían ayudar a gobernar? ¿No era él quien llamó *palmeros* a los barones de su cofradía que aclamaban las ocurrencias de Maragall para luego, incapaz de mantener su reproche, acabar achacando el adjetivo a otros? ¿Creerán a Bono cuando se acoge a la bondad de la Virgen para evitar la debacle? ¡No! No es ante los altares donde deben hacerse las rogativas. Es en el seno del partido y en las narices de la ejecutiva. ¡Aunque le cueste el cese! Es así como puede demostrar su pretendido patriotismo. No con palabras hueras, ni condecorándose con actos propios de una comedia bufa. ¿Puede esperarse algo de una prensa que, como ya hiciese con la corrupción y los Gal, trata de minimizar u ocultar los problemas? Y, si de verdad se pretendiese rechazar el texto, ¿dónde encontrarían los votos? ¿Se los daría ERC, golpistas del 34 y ahora sus socios, votando en contra de lo que ellos apoyaron antes? ¿Acaso se los proporcionarían los

109

tresporcentistas o los de IU? ¿Tal vez sus cofrades del PSUC, instigadores de un bodrio sin el que Maragall sería el perdedor político que siempre fue? Pero, aunque pudiera pararse el dislate por el sentido de estado y los votos del PP, un irresponsable les habría proporcionado una fuerte baza: reafirmar el victimismo que sustenta sus pretensiones. Así, hasta el próximo jaque al estado. –Y con un gesto de desprecio, concluyó: -Ni en la obra de Borges *Historia Mundial de la Infamia* encontraríamos más inmundicia.

EL RINCON DEL FRAILE
JUAN MANUEL BORRERO

Indignidad y desguace (II)

(Texto)

Entenderá usted - me dijo fray Gerundio, apenas le mencioné la anterior columna de este rincón donde recogía sus reflexiones sobre el Estatuto- que, en nuestra anterior charla, no pude entrar en el fondo del asunto; sólo expuse mi indignación y mi desprecio hacia ciertos políticos, creadores de un problema anteriormente inexistente. No obstante, y teniendo en cuenta que necesitaríamos muchas de sus columnas para explicar el bodrio, me limitaré a señalar algunos detalles. En primer lugar, sépase que cuando sus muñidores dicen hablar en nombre de los catalanes, mienten con descaro. Las encuestas, incluso las recogidas por la prensa afín, constatan que el porcentaje de catalanes que anhelan el estatuto es bajísimo. El texto que presentan no es sino una necesidad de la clase política para blindar sus decisiones, aumentar el intervencionismo y eliminar, a plazos, la solidaridad con el resto de las comunidades. En cuanto a su constitucionalidad, sus mismos asesores encuentran, *a porrillo*, artículos incompatibles con la Constitución, de la que, sin embargo, emana su legalidad. Para ilustrar a los incautos, digamos que el término *nación de naciones*, que pretenden *colar de matute* (con el apoyo de un irresponsable, que, aunque presidente del gobierno, desconoce la importancia de la semántica en futuras reivindicaciones), tiene su origen fundamental, junto a algunos conocidos nacionalistas, en Carretero, personaje tan indocumentado en el terreno histórico, que Claudio Sánchez Albornoz, el más grande historiador de la España medieval y último presidente de la Segunda República en el exilio, dijo: lo que opine Carretero es irrelevante porque no está *"muy adentrado en las sutilezas de la historia…"*.

●

Asimismo, olvidando que no tienen capacidad constituyente, tratan de legislar sobre la estructura del Estado, para que salga del limbo legal el *palabro* del preámbulo, en lo que sería una reforma inconstitucional encubierta y fuera de los cauces legales. En cuanto a la balanza fiscal que entienden a su favor, conviene recordar que la fiscalidad es individualizada. El IRPF que paga cualquier individuo depende de su nivel de rentas y no de donde se reside. Aducir que Cataluña paga más porque el monto global de los impuestos lo es, sería tanto como decir que los onubenses que habitan en la zona centro tienen una balanza fiscal positiva con los del Torrejón y, que, por tanto, convendría mejorar los servicios de los primeros y luego ver, si quedan, o no, recursos, para atender a los segundos. Tampoco podría hablarse de balanza fiscal en otros impuestos como el IVA o el de Sucesiones. Cuando en Andalucía alguien compra un producto catalán, paga su IVA que, a la postre, se declara en origen. En cuanto a la justicia, si se acaban las instancias en su propio tribunal y en ausencia de casaciones, aparecería un ordenamiento jurídico distinto al del resto del país. En tal caso ¿encontrarían ustedes inversores que expongan sus cuartos en un estado cuya legalidad es distinta según el sitio donde se produzcan, se transporten o se vendan los productos? El mercado único se iría al carajo, perjudicando, a la larga, a los mismos que, ahora, tratan de beneficiarse. ¿Podría alguien indicarme que entiende por solidaridad el Presidente del gobierno y un partido que se dice socialista?- Y haciendo una higa, concluyó:- ¡A otro perro con ese hueso!

El Mundo. 21 Octubre 2005. Ed de Huelva

EL RINCON DEL FRAILE
JUAN MANUEL BORRERO

Indignidad y desguace (y III)

(Texto)

El reflejar en mi columna sus opiniones sobre el Estatuto Catalán y sobre los manejos, mentiras e irresponsabilidades de algunos políticos, me han hecho receptor de un alud de mensajes, en los que, junto a muchísimos que se identifican con sus opiniones, aparecen otros que, bajo anonimato, se inclinan por el insulto personal -dije al fraile, apenas le visité el día pasado-. Para su tranquilidad —replicó- le referiré la frase de aquel personaje que, tras escuchar sus improperios, le espetó a su contrincante:"*Cuando acabe usted con los insultos, le ruego empiece con los argumentos*". Estoy seguro -continuó- que ninguno de los insultantes razonaba sobre la inconstitucionalidad del texto, sobre su ausencia de solidaridad o sobre su total intervencionismo. Vituperan quienes, sabiéndose ayunos de razón, tratan de callarle amenazándole —concluyó-. Alguno, viendo que las columnas anteriores no mencionaban los derechos históricos catalanes para definirse como nación, me lo reprochan- dije, lastimero- Mire -e inició una carcajada- las *trolas* sobre tales derechos son fáciles de desmontar, mal que le pese a

114

Manuela de Madre, ínclita diputada socialista de origen onubense, que, probablemente, para hacerse perdonar su origen charnego, anda empeñada en hacernos comulgar con ruedas de molino. En unos documentos que van regalando en una caja roja, con cargo a los presupuestos de la Generalitat, sitúan el origen de la nación catalana en la unión del conde Ramón Berenguer IV con Petronila de Aragón, allá por 1137. Para desgracia de nuestra paisana, el término Cataluña no existía por aquellos años. Tan es así, que basta echar un vistazo a las crónicas para comprobar que Ramón Berenguer IV, conde de Barcelona e hipotético fundador del reino, en lugar de proclamarse rey, se declaró vasallo de Alfonso VII, mencionado en los textos como *Hyspaniae Imperator*.

●

Tampoco algún cronista medieval, como Muntaner, debían saber nada del país del que ahora nos hablan, cuando al escribir sus crónicas señalaban que los soldados del condado entraban en combate al grito de !Aragón! No menos falso es el enfrentamiento que, según ellos, se produjo entre Cataluña y Castilla a propósito de la guerra de Sucesión. Un enfrentamiento entre españoles de todas las regiones, partidarios unos de Felipe V y otros del Archiduque Carlos, lo ha convertido la mentira nacionalista, en una guerra en la que aplastaron las libertades catalanas. En el asalto a Barcelona por parte de las tropas de Felipe V se incluían muchos catalanes, lo que demuestra que el enfrentamiento no era entre comunidades sino por los derechos de los candidatos al trono español. Igualmente, los propios defensores de la ciudad nunca dijeron luchar por los derechos de una inexistente nación catalana sino, como se decía en el bando que emitieron, luchaban por su rey y por **la libertad de todas las tierras de España.** El cuento es aún más diáfano si se conoce que uno de los jefes de la defensa, Rafael Casanova, personaje central en la celebración de la Díada, acabó sus días, plácidamente, tras reconocer y alcanzar el perdón de Felipe V, unos años después de la toma de Barcelona . -Y señalándome la puerta, me espetó: — Y pensar que, aún teniendo Aragón mayores derechos históricos, su presidente, Marcelino Iglesias, ande de palmero y monago de Maragall. *¡P´a mear y no echar gota!*

El Mundo. 28 Octubre 2005. Ed de Huelva

EL RINCON DEL FRAILE

JUAN MANUEL BORRERO

¡Tiembla Durán!

(Texto)

Aunque persiste su preocupación por el futuro del país y es visible el asco que le produce lo indigno, irresponsable o cobarde de ciertos políticos a cuenta del Estatuto Catalán, hoy he conseguido alumbrar en el rostro de fray Gerundio una incipiente sonrisa. He llevado a su celda virtual un ejemplar del último número de la revista *Marie Claire*, donde, entre otras lindezas, el señor Zapatero se manifiesta como Justiciero de Mujeres. Tras detenerse en su lectura, me sorprendió con su pregunta:- ¿Llegó usted a ver, allá por el 1977, la película del humorista Forges "*El bengador gusticiero y su pastelera madre*"? - Y sin darme tiempo a responder, siguió:- Era una especie de Guerrero del Antifaz, trasplantado de tiempos de la Reconquista a la época de la transición postfranquista, tan bobalicón como imbécil, gafe e insensato a la vez, una especie de Mortadelo con ínfulas de *mosca cojonera*, que pisaba en todos los charcos, con las regocijantes pero nefastas consecuencias que los espectadores adivinábamos, sin tener que esperar el desenlace de los

117

gags. Ahora, el autotitulado Justiciero de Mujeres, no conforme con ser un predicador de banalidades y vendedor de humo, ha decidido metamorfosearse en el personaje de Forges. El Justiciero se considera como tal tras haberse definido como rojo y feminista recalcitrante, y haber instituido en el gobierno los ministerios por cuota, aunque, para pavor del paisanaje, no se detendrá hasta extender la idea a *lo cotidiano en la problemática social*, como diría un cursi, un pedagogo defensor de la LOGSE o tal vez, el mismo ZP. De tal guisa, encontramos en el Consejo un hombre, una mujer, el Moratinos, la Trujillo, el Caldera, la Calvo,... en paridad milimétrica aunque sobren o falten, más bien lo segundo, las capacidades neuronales o culturales del personal de cupo. Algo así como ascender a la categoría de dogma una variante sexual del conocido principio de Peter, que determina que es posible ascender a cada uno hasta su nivel de incompetencia, no sólo por serlo, sino por motivos derivados de la presencia en el torrente circulatorio de progesterona o testosterona.

●

Pues bien, ahora que en Aracena hemos descubierto a Durán, edil de su cofradía, delegado de seguridad para más señas, al que el fiscal acusa no solo de tocar el culo a una vecina sino de atizarle a otra un mamporro por llamarle la atención por su delicada actitud, no dudamos que el Justiciero de Mujeres y muñidor de la Alianza de Civilizaciones, tomará de nuevo lanza y cimitarra (seguramente, aunque no lo sepamos, usadas ya ante el sultán del sur en defensa de los derechos paritarios que el islán concede a las huríes) y, acompañado de la cohorte de feministas y progresistas andaluzas (que pastan en los abrevaderos subvencionados), entre sonidos de trompas

118

y tubas, celebre justas y duelos en el palenque del castillo templario hasta conseguir empalar la cabeza del infractor. Una vez finiquitada su justiciera andadura, y antes de partir para Cuba para corroborar que los gays matrimonian allí libremente y no pisan el *trullo* por el hecho de su sexualidad, no dudamos que su cansada anatomía aterrizará en *casa Vicente* para disfrutar de sus delicias culinarias, bien sean las setas que empieza a deparar la temporada, bien los productos con denominación de origen Jabugo. ¡Tiembla Durán, que llega ZP!

EL RINCON DEL FRAILE

JUAN MANUEL BORRERO

Símbolos mostrencos

(Texto)

Fray Gerundio me recibió entre carcajadas aquella lluviosa mañana. Tras invitarme a tomar asiento, preguntó con malicia:- Después de los espectáculos de Cabezas Rubias, Trigueros y Escacena, ¿conoce usted las últimas noticias sobre la espantada del equipo de gobierno municipal cerreño? -Y sin dejarme contestar, prosiguió:- Ante la importancia que tienen los símbolos en la transmisión de ideas, anda ocupado mi caletre en adivinar el distintivo que debía asignársele a estos funámbulos. Así como las enseñas de los partidos (la rosa, la gaviota, etc.) son de clara identificación para el votante, el distintivo de la diáspora andalucista, vistos los matices, no puede ser único. Tal como ya usted mismo señaló en un anterior artículo, la jugada de algunos *barandas* del *blasinfantilismo* era previsible: ¡pasar de náufragos a supervivientes, incluso al precio de su propia dignidad! Su símbolo, debía ser el de un náufrago, agarrado como una lapa a un salvavidas con las siglas de los del talante(sus más que probables receptores), mientras elevan una plegaria para que sus paisanos permanezcan amnésicos ante el cambio de pesebre, lo que en otro país supondría su cata-logación inmediata como cadáveres políticos. Pero, estos dicen volver a sus orígenes como grupo no adscrito -dije-. Sí -replicó- El caso es más sutil pero no por eso menos abyecto. Tras su conversión al PA, las palabras del líder *"la falta de criterios consecuentes para abordar los suce-sos (...) la ausencia de objetivos necesarios para mejorar la calidad de vida (...) hacen que la motivación se pier-da..."*, no son sino reflexiones hueras y extemporáneas, que tratan de justificar la apostasía.

●

¿Qué diferencia ideológica o de criterios tiene ahora la dirección andalucista que difiera de la de los tiempos de Ortega? Si ha habido un congreso provincial, ¿por qué la ausencia de sus delegados? ¿Por qué no fueron allí a definir, primero, y defender, después, esos criterios ideológicos y de acción de cuya falta se lamen-tan? ¿Podrían poner, negro sobre blanco, las reflexiones que sobre estos temas conceptuales dicen que se han producido en el seno de la agrupación local?... Falacias, solo falacias. Ante el *carajal* y la segura desbandada que se preveía tras la falta de poder a nivel autonómico y pro-vincial, siquiera fuese el poder vicario que, en su momen-to, permitió al partido detentar alguna consejería, todo parece indicar que el gurú del andalucismo cerreño in-tentó nadar entre dos aguas, dejando entrever que sería necesaria una vía consensuada, luego amagó con incor-porarse a la renovación y, posteriormente, sin prever para los unos una posición precongresual dominante ni consi-derárselo para los órganos de dirección provinciales por los otros, *ninguneó* el proceso con la inasistencia de sus delegados y acabó escenificando, con sutileza, eso sí, una

121

higa a sus anteriores siglas. No lo duden: su reflexión se reduce a constatar encontrarse colgado de la brocha de la indefinición y del transfuguismo de ida y vuelta. Para más *INRI* y a pesar de lo que musiten, se hallan sin la esperanza de ser acogidos en otros lares, si decidiesen llamar a sus puertas. Pero, ¿ese chaqueteo...? -comencé a preguntar- ¡La chaqueta!-interrumpió- Esa sería la divisa que mi caletre no acertaba a discernir...Sí, un bonito logotipo: chaqueta, estilo Arnani, en la que pueda leerse el slogan: "Independientes: el retorno al limbo ideológico".

EL RINCON DEL FRAILE
JUAN MANUEL BORRERO

¡Pleno de ocho!

(Texto)

Con el último informe de la Fundación de las Cajas de Ahorros entre las manos, fray Gerundio me recibió en su celda diciendo: ¡Más tiesos que una mojama es como estamos los onubenses! –y continuó: -Pero, no es que Huelva sea una excepción y se sitúe la quinta por la cola entre las de menor nivel de ahorro. ¡Es que hemos hecho un pleno de ocho! Sí -continuó: -En el estudio al que me refiero, las ocho provincias andaluzas se sitúan, por nivel de ahorro, en los últimos ocho lugares de entre las de este país, por ahora llamado España y al que pronto no sabremos como llamarle si la ayuda divina no descarrila los desbarres nacionalistas. Parodiando a Marx (Groucho, por supuesto), nos movemos de Guatemala a Guatepeor ya que el dato no solo se refiere a valores absolutos de ahorro sino a sus valores porcentuales sobre la renta. Contra lo que cabría prever, el estudio no refleja una proporcionalidad entre ambos niveles; algunas provincias, que en renta se sitúan por debajo de la media nacional, hacen un esfuerzo colocándose por encima de las otras en niveles porcentuales de ahorro. ¿Lo que quiere decir...? -traté de preguntar- Lo que quiere decir es que encima de tiesos, manirrotos. Por estos pagos, las familias suelen *escarbar* unos cientos de euros para alquilar un caballo en la romería o para pagar la letra del coche al niño, aunque no dé un palo al agua o sea un zoquete intelectual, con tal que se divierta con su discoteca ambulante o pueda follar a gusto en el asiento trasero. Todo sea porque la progenie deje tranquila a la senectud y no cree problemas innecesarios.

●

No hay de qué preocuparse. El maná de subvenciones, ayudas, clientelismos políticos y otras sinecuras que alcanzan desde niveles individuales hasta empresariales, riega nuestros lares y nos conduce benefactora e inexorablemente de modernización en modernización: del *Sylicon Valley*, que hace algunos años señalaban nuestros próceres como horizonte, a la Finlandia del Sur de hace algunos menos. Todo con música y letra de los tenores que rigen, en exclusiva, este rincón andalusí desde el advenimiento de la democracia, y que no pueden argüir otras manos que las suyas o la de sus cofrades en la consecución y trajín de este bonito panorama. ¿Pero...? -traté de intervenir de nuevo, sin conseguirlo- El común de los andaluces no hace sino seguir el ejemplo del presidente, quien, en el registro de altos cargos de la Junta aparece con un saldo de 3887 euros en sus cuentas, junto a una casa hipotecada. Si desde hace varios lustros, nuestro líder y benefactor no se ha apeado del coche oficial ni ha puesto los pies fuera de la moqueta, primero como ministro y luego como presidente autonómico (algo más de los doce kilos de las antiguas pesetas de soldada en el último año), este fraile se pregunta: si no ahorra él, coches oficiales y otras prebendas asociadas al cargo aparte,

124

¿quién coño puede ahorrar en Andalucía? De tal calibre es el asunto, que algunos comienzan a preguntarse: ¿cómo es posible que gestione algo más de 27 mil millones de euros de presupuesto, quien, en tantos años, con sinecuras y tan mollar salario, no ha logrado ahorrar un duro a nivel familiar? –Y mientras me señalaba la puerta, concluyó:- La respuesta, como el misterio de la santísima trinidad, sería digna de alguna homilía.

El Mundo. 18 Noviembre 2005. Ed de Huelva

EL RINCON DEL FRAILE

JUAN MANUEL BORRERO

De la vivienda

(Texto)

El carácter virtual de fray Gerundio de la Carcoma le permite veleidades y trabajos imposibles para el común de los mortales. Exento de laudes, maitines y demás obligaciones monacales, pasa su tiempo asomado al ventanuco de la celda que se abre a la iglesia de Santa María de Gracia, o, lo que es más probable, perdido entre los textos, resúmenes y anuarios que le permiten satisfacer el ansia de conocimiento y la mordacidad de su espíritu. ¿Sabe usted por cuánto sale una vivienda en nuestra provincia? - me preguntó, a mi llegada. Y, sin esperar respuesta, continuó:- Para matar el tiempo, he hecho un cálculo con datos del pasado año, procedentes de estadísticas oficiales y sociedades de tasación y, teniendo en cuenta el incremento previsto por ministerio para este ejercicio, la media, incluyendo distintas zonas y circunstancias geográficas anda por 22 de los antiguos kilos, a los que habría que añadir IVA, transmisiones, notarías y otras *menudencias*. Y pensar –continuó, entre risotadas– que la ínclita María Antonia Iglesias pensaba acabar con el problema, aplicando, a rajatabla, el programa de su partido. Me maliciaba, que en un ministerio sin compe-

126

tencias sobre suelo no se podrían aportar más que intenciones estrafalarias, pensadas no para resolver el problema, sino para recordar que el ministerio y su titular no pertenecen al evanescente mundo espectral que determina la inutilidad pública. Y, en efecto, así sucedió. De las 180000 viviendas de protección oficial que se indicaban en el programa, se pasó a 180000 *soluciones habitacionales*, sin que llegáramos a saber si en tal término se incluía la construcción de nuevas viviendas, el arreglo del tabique en un piso o el levantamiento de un gallinero ecológico en zona rústica.

●

Después de este trueque semántico, las neuronas de la ministra alumbraron otra genialidad: los *minipisos* de 25/30 m^2, solución empleada por el castrismo durante cuarenta años, que como ejemplo paradigmático del socialismo real, implica, casi siempre, que, excepto para los capitostes del partido, una familia tiene derecho a una única habitación-salón-dormitorio, compartiendo duchas, váteres y cocina con el resto del paisanaje que mora (no diremos que habita, porque eso conlleva algo de confort y dignidad) el inmueble. Desde entonces, azorada por las befas, puyas y choteos que le dedicaron desde los más diversos ámbitos, anda en estado de mudez casi absoluta, sin entender, que el problema radica en la escasez de suelo, competencia de comunidades y ayuntamientos. Por eso, el Observatorio de la Vivienda en un reciente documento señala una generalizada corrupción por "...*la utilización de las administraciones locales de procedimientos no objetivos en la transformación de suelo, y de la apropiación de plusvalías que se añaden a las cesiones y al 10 por ciento del aprovechamiento urbanístico*". Como era

127

de esperar, y así puede verse en la prensa un día sí y otro también, la *mangancia* revolotea sobre algunos consistorios, empujada por recalificaciones y cesiones, que dejan *con el culo al aire* a tránsfugas y sinvergüenzas. -Y mientras me señalaba la puerta, se preguntó, riendo:— ¿Sabe usted a cómo cotiza, en algunos lares, el kilo de edil de urbanismo, alcalde recalificador o comisionista político de idéntica laya?

EL RINCON DEL FRAILE
JUAN MANUEL BORRERO

La pirenaica olontense

(Texto)

Cualquiera que ronde los sesenta –dijo el fraile, jocosamente- recordará los apaños que usaba el franquismo para protegerse de la propaganda de sus detractores. Radio España Independiente, llamada *La Pirenaica* para simular una situación geográfica agobiante para la dictadura, se ubicaba en un país tras el telón de acero, emitiendo soflamas, noticias y consignas con las que sostener la moral de la llamada resistencia interior. Si bien en los años cincuenta sus noticias gozaban de cierta audiencia y credibilidad entre la clase obrera, perdido el norte de la realidad a partir de mediados de los sesenta, la emisora dependiente del comité central del PCE no solo informaba de imaginarias huelgas generales revolucionarias –simples huelgas empresariales, casi siempre-, sino que anunciaba, día sí día no, la inminente llegada de nuevos contingente de maquis y brigadistas que acabarían por derribar los muy escasos y postreros reductos del franquismo. La verdad es que tales noticias ya no engañaban más que a quienes seguían soñando con una revolución, a aquellas alturas imposible. No obstante, la dictadura, concediéndole más importancia de la que en

129

realidad merecía, organizó medidas que dificultaran la audiencia a sus seguidores. Se trataba, en esencia, de postes emisores de radio repartidos a lo largo de la geografía hispana, que, emitiendo una señal ruidosa en la misma frecuencia que ella, interfería sus emisiones, fustigando al paisanaje que, por las noches, con el volumen al mínimo por si acaso los civiles rondaban la calle, y conectando la antena a los alambres de los tendederos de la ropa para asegurar algo de calidad en la recepción, se pegaba a las radios de válvulas, tratando de informarse de la imparable marcha de la revolución y de la inminente caída del dictador. Tengo leído, y creo que la memoria me será fiel, que, en reconocimiento a los servicios prestados, el dictador había distinguido y condecorado al autor de la idea.

●

No me pregunte por qué le cuento esta batallita –continuó- Usted está al tanto de las noticias y sabe a qué me refiero. ¿Al asunto de Gibraleón, quizá? –pregunté, para incitarle- ¡Coño, pues claro! La historia demuestra que no hay imbecilidad que no se repita. Ahora ha sido un jerarca del socialismo local (ex, según afirman) quien, en el papel de técnico de telecomunicaciones franquista, interfirió las emisiones de la televisión local -la pirenaica olontense han comenzado a llamarle- para impedir que a su través se divulgase y comentase el carajal que se ha montado en el consistorio, tras la demostración de reciedumbre moral y fortaleza en la convicción ideológica de una edil, elegida en las listas del PP, quien, taumatúrgicamente, mudó, como quien cambia de bragas, el apoyo a la gaviota por el apoyo a los del talante, ahora reconvertidos a independientes, no se sabe bien si para salvar a su cofradía del sambenito de recogetránsfugas o para aplacar la ira y el generalizado choteo del paisanaje. Ha sido tal la imbecilidad del animador del espacio radioeléctrico, que, desconocedor de la facilidad en detectar el origen de tales emisiones, guardaba el aparatejo, según dicen los plumillas, en la chimenea de su casa. ¿Estarán pensando en condecorarle?–pregunté– ¡Menuda recua! –concluyó sin más palabras.

El Mundo.1 Diciembre 2005.Ed de Huelva

<u>EL RINCON DEL FRAILE</u>
JUAN MANUEL BORRERO

Meninges

(Texto)

Creo que fue Napoleón, en nota manuscrita que resumía aspectos esenciales de las campañas de Egipto, quien sostenía la necesidad de incluir entre el uniforme de la infantería un quepis que, en su parte posterior, incorporase una protección de tela con la que dotar de sombra el occipucio de los soldados. A juicio del francés, el sol africano -según me relataba el fraile- resecaba la sesera, primero, la ablandaba después y, finalmente, el desvarío y los espejismos acababan por abrirse paso, con el consiguiente peligro no sólo para la integridad de la soldadesca sino para el resultado global de la expedición. Si la idea acabó aceptándose, incluso por parte de los ejércitos coloniales ingleses en la India, fray Gerundio está en la firme convicción de que, para que tan nocivos efectos se manifiesten, no es obligada una pertinaz exposición a los rayos del sol norteafricano. Basta observar -me aseguró, solemnemente- las salidas *de pata de banco* de algunos de los políticos que hoy nos dirigen, para comprobar que, casi siempre y aunque no estén expuestos a una insolación en Ketama o Marraquech, cualquier asunto relacionado con nuestros vecinos del sur o sus jerarcas, parece reblandecer sus meninges de forma taumatúrgica. Recuérdese el caso, paradigmático por cierto, de quien tuvo la feliz ocurrencia de patrocinar un simulacro de *referendum* sobre el Sahara en el propio parlamento andaluz y publicitarlo a través de un canal televisivo que se recibe nítidamente en las orillas rifeñas. Sin duda, aunque no se dignasen dar explicaciones, ese *tocamiento de pelotas* al Sultán fue uno de los motivos por los que el embajador alahuita tomó las de *villadiego*, dejando, al entonces gobierno Aznar, y a nosotros con él, con un palmo de narices. Con gatillazo similar nos obsequió el entonces aspirante Zapatero cuando, en ausencia del diplomático, se trasladó a Marruecos para mostrar su voluntad y su talante a tan descortés como expansionista monarca. No dudamos que aquella visita, que dejaba *como puta por rastrojo* la lealtad debida a su gobierno, era el preludio de la alianza de civilizaciones, tan claramente explicada por Moratinos en algunas de sus intervenciones, y que, seguramente, alentó la esperpéntica ocupación de Peregil.

●

Si los ejemplos anteriores hacían verosímil la teoría del fraile, un suelto de prensa, incluido en los periódicos de dos semanas atrás, le han convencido, definitivamente, de la certeza de su hipótesis. Miré -me espetó- Como ejemplo de este misterioso ablandamiento de sesera, nuestra Ministra de Agricultura impuso una medalla a un *factotum* de la pesca del país vecino. Como este personaje fue el responsable directo del fracaso del acuerdo pesquero con la UE, que dejó varada a la casi totalidad de nuestra flota y, mas recientemente, tiene al pairo las pretensiones de que cierto número de barcos

133

andaluces vuelvan a sus caladeros (previo pagos y sinecuras, faltaría más), quien debería haber recibido la
medalla (mérito al merluzo con distintivo rojo bogavante,
suponemos) sería la propia ministra. Complementariamente, podría haberle hecho entrega al personaje de un
adorno en forma de cipotillo de tortuga, aditamento acre-
ditativo del azote al sector pesquero. ¡Los hados nos
protejan del ablandamiento de meninges! –concluyó,
mientras elevaba las manos hacia el cielo-.

EL RINCON DEL FRAILE
JUAN MANUEL BORRERO

Viva la Pepa

(Texto)

Esta mañana, al visitarle en su celda y después de obsequiarle con el reciente CD que ha editado la Banda Juvenil de Música del Cerro, fray Gerundio se ha mostrado mas mohíno que de costumbre. Añoraba -me confesó- la ausencia de actos conmemorativos de la constitución del 78, señal inequívoca de los graves problemas en que está envuelto el país. Mal andamos -aseguró- cuando los que solicitaban, hace unos pocos años, el protagonismo del pueblo en tales festividades, anden ahora procurando pasar de puntillas sobre ellas y achacando fines partidistas a quienes, invocando su vigencia, sólo pretenden llamar la atención de los subterfugios que tratan de utilizar para alterarla. Obvian, conscientemente y aunque digan lo contrario, el consenso que la respaldó, y que nos ha ofrecido la época más estable de la historia reciente. Para tapar sus vergüenzas, sus dislates y promesas imposibles, presos de chantajes políticos espureos -de partidos hermanos o de quienes les garantizan la permanencia en el poder-, acusan de inmovilistas a los

135

que, sin oponerse a las reformas que, para todos o para la mayoría, se cataloguen como necesarias, tratan de alterarla bajo el señuelo de unos cambios estatutarios que, si analizan a fondo, no son más que un remedo de vuelta a la tribu, al cantonalismo, a la asimetría de las leyes, al intervencionismo y a la insolidaridad, en suma. Sarcasmo inaudito de quienes tratan de aunar nacionalismo y socialismo, sin recordar el horror de lo que tales siglas yuxtapuestas significan en la historia europea más reciente. Explicables comportamientos, indicativos de objetivos y métodos nada claros, cuando se obvian, una y otra vez, las opiniones y consultas a expertos e instituciones que, a pesar de recibir recado de "no meterse donde no les llaman", señalan el dislate económico y la inequívoca inconstitucionalidad de algunos textos estatutarios en proceso. Incluso, en el colmo de la desvergüenza, aprendices -que no pasaron de segundo de derecho- se permiten corregir o discrepar de especialistas y catedráticos cuando se manifiestan contrarios al bodrio.

●

Otros, corifeos y palmeros de ideologías difusas, andan errados y más le valiera cónsultar la historia constitucional, en vez de apoyar experiencias centrípetas basadas en mitologías identitarias. La promulgada en 1812, la conocida por el pueblo como la Pepa, para gloria del Cádiz sitiado por la soldadesca napoleónica, el mayor salto de la praxis política a la modernidad que España dio nunca, allí donde se plasmó la tradición liberal y se recogió la separación de poderes, el derecho de igualdad ante la ley, la prioridad del derecho de los individuos sobre los etéreos derechos colectivos, dio paso al baile constitucional que imponía la ausencia de rumbo político en una

España desangrada. Y así fueron apareciendo, una tras otra, el Estatuto Real de 1834, la de 1837, la de 1845, la de 1869, el proyecto de 1873 que pretendía el federalismo, la del 1876 y... ¿para qué seguir? Lástima que ahora, con la del 1978, la de la concordia y el desarrollo, la nueva Pepa, estemos bajo un gobierno en que muchos de sus socios y partidos hermanos anden empeñados en desvirtuarla o destruirla.

El Mundo. 19 Diciembre 2005. Ed de Huelva

EL RINCON DEL FRAILE
JUAN MANUEL BORRERO

Calendarios

(Texto)

Como cada año, pasada la fiesta de la Constitución y mientras podía observarse el trajín de los operarios adornando con motivos navideños las paredes de la iglesia de Santa María de Gracia, visité a fray Gerundio para llevarle el almanaque del 2006 con el que siempre me obsequia una casa comercial cerreña, y que, invariablemente, cuelgo en la pared de su celda, para que, a despecho de su carácter virtual, sea consciente del paso del tiempo. ¿Viene adornado con motivos bucólicos o de nuevo aparecen ilustraciones del santoral? -preguntó, con sorna, mientras me afanaba en colocarlo. Y continuó: -Sé que, a pesar de su virtualidad, esta celda no deja de ser un lugar conventual y no sería lógico que usted cuelgue el calendario *Playboy*. Mi ánimo podría solazarse en demasía con las *conejitas* de cada mes, fotografiadas como su madre las trajo a este mundo y esto no sería beneficioso para mi tensión arterial. Acepto, asimismo, que, en bien de mi alma, me sustraiga a la pecaminosa contemplación del calendario Michelín, aquel en el que aparecieron, en su día, las *chicas Bond* de la película 007 contra el doctor "No". Incluso aplaudo que no me considere émulo de Ze-

rolo, y me hurte el reciente almanaque en el que, estilo Full Monty, aparecen los bomberos de la Coruña mostrándose en bolas.

●

Es usted un pícaro, -repliqué- ¡No, hombre, no! Simplemente quiero significarle que, el tiempo carece de sentido en mi mundo virtual. Sin embargo -continuó-, en el suyo, su medida ha sido, en no pocas ocasiones, un auténtico quebradero de cabeza. Le diré, y acaso usted pueda transmitirlo en su columna, o a sus alumnos de la Logse, que buena falta les haría ilustrase un poco, que culturas tan poco versadas en astronomía como la romana, contabilizaba tan mal el paso del tiempo -y, como consecuencia, su calendario había acumulado tales errores-, que en el año 50 a.d.C. celebraron la fiesta de la recolección en pleno invierno. Poco después, Julio César hizo venir de Alejandría al astrónomo Sosígenes, quien les explicó el dislate: el año romano constaba de 365 días, cuando, en realidad, el año solar tiene 365,25 días, por lo que, cada cuatro años, se acumulaba un día de retraso. Ese fue el origen de los llamados años bisiestos, es decir, de aquellos años correctores, que incorporan un día más a su calendario. Le diré, asimismo, que para corregir el desfase y ponerlo en sintonía con las efemérides solares, el 45 a.d.C se decidió que tuviese 455 días, por lo que las crónicas le denominan *año de la confusión*. Realizadas posteriormente medidas más precisas se constató que, al no ser exactamente la rotación solar de 365,25 días sino 365,2422 días, cada cuatrocientos años se producía un desfase de 3,12 días solares. Para corregir el producido hasta entonces, en 1582, Gregorio XIII suprimió diez días del calendario, pasando del 4 de Octubre (jueves) directa-

139

mente al 15 de Octubre (viernes). Y, para evitar tal circunstancia en lo sucesivo, decidió que los años terminados en dos ceros, bisiestos según el calendario juliano, no lo fuesen, a menos que las dos primeras cifras formasen un múltiplo de cuatro. Con esos datos, ¿pretende usted que le preste mi atención al adorno que ha traído? -concluyó, riendo-.

˙EL RINCON DEL FRAILE

JUAN MANUEL BORRERO

Aguinaldos

(Texto)

Mientras, a través del ventanuco de su celda, podía observarse el juego de algunos niños, traté de ilustrar a fray Gerundio sobre la torpeza de regalar a los pequeños juguetes sofisticados. Ni potencian la imaginación ni fomentan la adquisición de nuevas habilidades -apunté- Aunque valen una pasta, los artilugios son complicados, prácticamente autónomos y, en consecuencia, ausente el impulso creativo de quienes deben usarlos en orden a sus ficciones, a los dos días los han abandonado, para acabar eligiendo una simple caja de cartón, que la mente infantil transforma en castillo encantado, cueva del tesoro, o vaya usted a saber qué. ¿Le han traído algún aguinaldo? -pregunté, vista la nula atención que hasta entonces me prestaba- Eso no me preocupa. Para mí es más divertido tratar de adivinar lo que merecen o esperan recibir como regalo navideño algunos paisanos, que, en fechas recientes, han destacado en el ámbito de la política –anunció, mientras tras sus antiparras se iniciaba un brillo sarcástico.

●

En el caso de un concejal de Villarrasa que, según anunció, abandona las siglas de su partido, Papá Noel debería traerle una brújula para que identifique el norte ideológico, que al parecer ha perdido. No obstante -comenzó a carcajearse- no andará muy lejos de la decisión el déficit que, según afirman, las nuevas circunstancias municipales han deparado a su economía. Me malicio, por tanto, de la presencia de un calcetín junto a la chimenea, por si alguna entidad o partido tasa su nuevo rumbo en cantidad similar (a ser posible mayor) al perjuicio, y, dejado el regalito, el personaje consigue restaurar su maltrecho peculio... En Aracena, el alcalde ha adoptado la benemérita figura de Melchor iniciando una campaña de adhesiones a favor de un ex-concejal. No sabe que el subconsciente le traiciona y lo que, en realidad, quisiera regalarle son cien paquetes de detergente con que asear su imagen pública, inservible tras tocarle el culo a una señorita, hecho reconocido en decisión judicial y, para su desgracia y por más que se desgañite, no achacable a contubernios imaginarios... Uno de los tránsfugas de Gibraleón no habrá de esperar la llegada del trineo del Polo Norte y, descubiertas por alguien sus taumatúrgicas habilidades, le han asignado un aguinaldo en forma de cucaña y otro en forma de piolet. Pasar –vía digital, según dicen– de ordenanza a técnico de la diputación es como escalar Cabezo Andévalo y, sin solución de continuidad, atreverse con el Naranco de Bulnes... A los *barandas* de dicha entidad, a quienes CCOO señaló en la prensa, como mantenedores de hasta cincuenta "enchufes", Baltasar debía traerles un kit eléctrico para el arreglo de la instalación en caso de avería... A algún responsable de la Junta de Personal, defensor de la legalidad de los "enchufes", debería recibir de Gaspar una cita para el oculista y unas gafas

polarizadas con las que observar la situación… -Y, enten-
diendo que su perorata podía exceder del espacio dedicado a mi columna, terminó:- Lástima no poder referirme
a los salvavidas que esperan algunos munícipes conocidos, las chaquetas que debían recibir otros, o los melones
invernizos que, supliendo al carbón de nuestra infancia,
merecería la inteligencia de terceros.

El Mundo. 9 Enero 2006. Ed de Huelva

Lifting'

(Texto)

En mi primera visita del año, encontré a fray Gerundio consultando un compendio biográfico y un manual de economía. Ernst L. Laspeyres –dijo, sin alzar la mirada. Después continuó:- ¿Recuerda usted el video que, con motivo de su viaje a Götinga para asistir a la defensa de la tesis doctoral de su hijo, me enseñó, ahora hace algo más de un año? ¿Qué tienen que ver los trabajos en Astrofísica de mi hijo con este economista? –pregunté–. Gotinga no es solo conocida por haber sido el mayor y más importante centro de investigación mundial en Física y Matemáticas de la primera mitad del siglo XX. Allí no solo enseñaron e investigaron los nóbeles de física Börn, Pauli, Heisenberg, Planck, Stern o Einstein, sino matemáticos como Minkowsky, Hilbert o Klein o economistas como Laspeyres, personaje clave en la creación del Instituto Internacional de Estadística. Por eso tiene una placa alusiva en una de las calles más importantes de la ciudad, recuerdo que aparece en el video de marras y que, dada su escasa memoria, he sacado a colación. ¿Y en eso entretiene usted ahora su ocio? -volví a preguntar- No. Estoy con su biografía porque es el autor del método

144

que permite fijar la evolución de los precios al consumo (IPC), dato que sirve de base para el cálculo de la inflación, las negociaciones colectivas de salarios y, lo que es más importante desde los pactos de Toledo, la subida del sueldo de los pensionistas. Como a partir del 2007 será obligatorio su cálculo bajo nuevas premisas, el INE ha decidido adelantar el estudio de los hábitos de consumo y no esperar hasta entonces.

●

La tesis oficial de eliminar del IPC aquellos productos y artículos de menor demanda entre los consumidores para dar entrada a aquellos que reflejen una mejor realidad del mercado, no debería tener mayores problemas si, de verdad, el muestreo que se hace en 141 municipios para analizar la alimentación y los 97 municipios que se toman como nuestra para el resto de los servicios, fuese una muestra aleatoria, estratificada y proporcional. Gozaría de más credibilidad, si los productos que salen o entran del grupo de cálculo fueran los que indica la realidad social. Como ejemplo, le diré que entrarán en el grupo elementos tan esenciales para los andevaleños –y se sonrió- como la lubina, el salmón ahumado, las gominolas, los preservativos, los potitos, la cerveza de importación, las consultas homeopáticas, las bicicletas estáticas, los fertilizantes etc. Sin embargo, ya habían sido excluidos los riñones de cerdo o las alubias, por ejemplo. Apuesto lo que quiera que con el nuevo sistema de cálculo la alimentación bajará del 21,86% con que ahora se pondera y que, sin embargo, y a pesar de que todos sabemos lo que cuestan los pisos y los alquileres, la subida en el apartado de vivienda solo sufrirá un alza moderada. Me malicio, y en eso solo sigo la estela de algunos plu-

145

millas y economistas desafectos al zapaterismo que, tras eliminar del paquete la leche fresca o algunas carnes de vacuno, la inclusión en el cálculo de los artículos de rebaja y, fíjese bien, de los gastos por lifting, indica un deseo subconsciente: someter a cirugía estética al futuro IPC. ¡Señor, señor! -concluyó- Si Laspeyres levantara la cabeza.

El Mundo. 16 Enero 2006. Ed de Huelva

EL RINCON DEL FRAILE
J. M. BORRERO

Atavismos

(Texto)

He encontrado al fraile mas meditabundo que de costumbre. Ante mi intención de sacarle de su aparente melancolía, no me ha dejado pronunciar palabra, mientras, señalándome la página abierta de un periódico de esta semana, dijo: Ni siquiera mi carácter virtual me protege de las aberraciones que algunos días leo en la prensa. ¿No ha visto usted la noticia del asesinato del conductor que tuvo la desgracia de atropellar a una menor que había invadido la calzada, y cuyo padre acabó cosiéndole a balazos? Desgraciadamente, es un hecho puntual y anecdótico... ¿Llama usted anecdótico –comenzó a preguntar, cortando de raíz mi intervención- que el individuo, sin mediar palabra, sin esperar a comprobar el estado de su hija (con leves heridas por cierto), sin determinar cómo se había producido el accidente y quien había sido su causante, descargue once tiros a una persona que, según las investigaciones policiales, circulaba con prudencia y dentro de la legalidad más estricta? Es un calco, y por eso tampoco puedo coincidir con usted en lo excepcional del hecho, de lo ocurrido en Levante hace ya algunos meses, cuando un camionero, al dar marcha atrás a su vehículo aplastó a un niño de pocos años que, jugando temeraria, distraídamente y sin el control de ninguna persona mayor, acabó por colocarse bajo las ruedas. También en este caso, sin que el conductor tuviese responsabilidad alguna y a pesar de que trató de auxiliar al niño tras parar su vehículo, acabó cosido a puñaladas por el padre del menor.

●

La similitud se hace más patente al comprobar que en ambos casos, participaron familiares de los agresores, encubriendo los hechos, apoyando la huida del responsable o prestando colaboración indirecta. ¿Trata usted de decirme que tales comportamientos son generalizados? –pregunté- ¡Válgame Dios si ha entendido usted eso! -replicó con vehemencia- Lo que quiero decir, es que aún perduran determinados atavismos, basados en culturas marginales o en extraños códigos de conducta, transmitidos por algunas estructuras familiares de etnias concretas y que, aunque minoritarios, no acaban de desaparecer. El clan familiar como elemento aglutinante en la defensa de sus miembros, la justificación de cualesquiera hechos a alguno de ellos atribuible, el código de "cobrar sangre por sangre", están más cerca de la ley del talión en que basó Hamurabi su código 1700 años antes de Cristo que a las normas de legalidad y conducta del siglo XXI. Tales son los atavismos de los que hablo y a los que me refiero. Conseguirían mejor los objetivos de integración social y de defensa de su ancestral cultura, aquellas organizaciones y personas que, en vez de acusar de xenofobia a cualquiera que ponga de manifiesto hechos como los descritos, reconocieran que aún perduran restos de esos comportamientos atávicos y, ante los suyos, los conde-

148

naran explícitamente. No fomentan la integración palabras como las de un representante de la Unión Romaní asegurando que el hecho jamás hubiese ocurrido entre gitanos. ¡A ver si quienes reciben pingües subvenciones de nuestros impuestos pretenden convencernos ahora de la superioridad de sus atavismos! –concluyó.

EL RINCON DEL FRAILE

JUAN M. BORRERO

Papiroflexia

(Texto)

En mi visita de la semana pasada encontré a fray Gerundio atareado en labores papirofléxicas. Ante comportamiento tan ajeno a sus usos culturales o filosóficos, opté por permanecer en silencio observando los dobleces y pestañas que, reiteradamente, añadía a la hoja de papel con la que trabajaba. ¡*Voilá, mon amie!* -exclamó, en el macarrónico acento gabacho que, para sus íntimos, presagiaba el inicio de alguno de sus enjundiosos comentarios- El avioncito de papel que acabo de confeccionar, podría servir de prototipo para los aviones que la empresa CASA venderá al líder bolivariano. Sin los chirimbolos que la tecnología del tío Sam aporta al producto, bicoca derivada de nuestra antigua condición de aliado preferente, o la empresa sustituye esa tecnología por otra de incierta procedencia (más cara y de peores expectativas) o el comprador acabará hallando ofertas en otros pagos, con parecidas características del producto y a más bajo precio. Simple oferta y demanda, cosa que lamento —continuó- porque supone un fortísimo varapalo para los trabajadores, muchos de los cuales pueden verse abocados a engrosar las listas del INEM. Incluso, me malicio que, tal como discurren las relaciones con los americanos, la cosa podría no quedar ahí. Las perspectivas de los astilleros se podrían ir al carajo si, ante cualquier incidente derivado de nuestra presencia en la Alianza de Civilizaciones (junto a democracias tan solventes como la de Castro, Chávez, Mongolia o Irán), decidiesen retirarnos las licencias de los sistemas de combate Aegis, los más sofisticados del mundo. Desgraciadamente, ayunos de tecnología, el fuselaje y los motores de los aviones o los cascos de las fragatas los hacen en otros lugares, igual de bien pero bastante más baratos.

•

A pesar de las carreras de Moratinos a la búsqueda de un fugaz contacto con Condolezza, de los muertos tras el batacazo de nuestros helicópteros en Afganistán (armados hasta el cogote para realizar beatíficas misiones de paz) o la presencia de una fragata española escoltando en el Golfo Pérsico a un portaviones (que otrora bombardeaba y ahora parece que adorna los cielos iraquíes con toneladas de confettis), no acaban de perdonarnos ni el desdén de Zapatero a su bandera, ni la prematura retirada de las tropas de Irak (antes, incluso, a la fecha a la que él mismo se comprometió públicamente, con la excusa de que en el tiempo que quedaba hasta ese día no cabían nuevas resoluciones), ni la llamada a la deserción que hizo desde Túnez, tras haber apoyado la resolución de la ONU en la que se instaba a los gobiernos a no retirar las tropas hasta que no hubiese finiquitado el proceso de elecciones, asegurado los inicios del primer proceso democrático en un país árabe. Sumen a lo anterior el fracaso de la constitución europea de la que nos declaramos promotores, los cariñosos epítetos dedicados

151

a la canciller alemana, la higa con que nos han obse-
quiado en el tema de los fondos comunitarios a pesar de
haber vuelto al corazón de Europa y la potencial amenaza
de un vecino en el sur con ínfulas anexionistas y compro-
baremos a dónde nos han llevado en dos años: ¡Al limbo!

El Mundo. 30 Enero 2006. Ed de Huelva

EL RINCON DEL FRAILE
JUAN M. BORRERO

La perra del Huerto Cuña

(Texto)

Apenas puse mis pies ante la puerta de su celda, mientras me mostraba los titulares de prensa sobre el acuerdo de Zapatero con los nacionalistas catalanes -incluyendo entre estos a sus cofrades socialistas, charnegos o no-, fray Gerundio dijo: No sé si recordará usted aquella vieja letrilla de una canción popular cerreña que decía *"La perra del Huerto Cuña / ni ladra ni es mordicona / pero llegando al nogal / tiene arranques de leona"*- Si que la recuerdo- contesté- Pues bien, aunque la tradición no las recoja, al texto debían faltarle algunas estrofas. Como cosa sabida y que los hechos confirman, faltarían aquellas que señalaban el trueque de sus valientes arranques en defensa de su territorio, por la silente cobardía cuando alguien arrojaba un mendrugo de pan junto al nogal que debía defender. No dudo que la dichosa perra preferiría dedicarse a la tarea de roer el obsequio bajo la sombra, que plantar cara al invasor. Esa es la conclusión que puede deducirse de muchas de las antiguas fábulas de Samaniego o de la frase, achacada a un conocido político, en la que endilgaba a los suyos máxima tan castiza, democrática y jacarandosa como: *"Cuidado, que el que se mueva no sale en la foto"*.

153

Vea, si no, el indecente espectáculo que han ofrecido algunos de los políticos del talante, ante el tema del Estatuto Catalán: Hace algunas semanas, un exministro escribía en un artículo la imposibilidad de satisfacer las demandas del texto, so pena de dejar al estado en pelotas y ser fuente de desigualdades. Otro importante cofrade, definía el engendro como infumable y capaz de transformarse en una bomba.

●

Incluso, quien fuera el Zeus del Olimpo socialista, en una distendida reunión en una sede de la UGT, lo definía, (según un digital, no desmentido que sepamos), *como una cagada nacida de un mierda como era el promotor del proceso*. Otro, señalaba la inconstitucionalidad del texto que, además, chocaba con la ideología socialista. Otro, casi siempre envuelto en la bandera de la integridad patria, aseguraba la no incorporación de un término, claramente inconstitucional y, digan lo que digan, de altísimos riesgos reivindicativos, aunque sólo se lo mencionase en el preámbulo. Una bonita cofradía que, como la perra del Huerto Cuña, ladran hasta que aparece quien da sitio junto al pesebre o al poder y los manda callar. Para más escarnio y choteo, en la seguridad de que sus paisanos andan cortos de neuronas, alguno anda ejerciendo de funambulista, apoyando ahora denodadamente lo que negaba antes con convicción. Así, no es de extrañar que ni el católico de las esencias patrias apareciese en la pasada ejecutiva a defender sus ideas, ni otros que acusaron a sus cofrades de traidores e insolidarios dijeran una palabra, pasando, por contra, a tirar del botafumeiro, afirmando la derrota nacionalista en el proceso negociador. Deben lamentarla tanto Más, Maragall y sus charnegos que no paran de llorar, desconsoladamente, ante las cámaras de TV3. Mientras, Otegui e Ibarretxe, muertos de risa porque pierden por goleada y asustados por la numantina resistencia de la defensora del *Huerto Cuña*, preparan el próximo acto de la comedia.

EL RINCON DEL FRAILE
JUAN M. BORRERO

Reflexiones

(Texto)

En una de nuestras últimas tertulias, encontré a fray Gerundio más agresivo y rotundo en sus análisis de lo que solía. Cuando le oigo opinar con tal rotundidad, me recuerda usted a Tomás Rodaja, conocido también como el Licenciado Vidriera -dije- Se equivoca –replicó con presteza- Como escribe Cervantes a lo largo la novela del mismo título, sus conocimientos y, por tanto, las opiniones que de ellos se derivaban eran de origen taumatúrgico, ya que los adquirió tras recibir una pócima amorosa, elaborada bajo cánones de mágicos y ancestrales ritos. A despecho de mi condición monacal, mi criterio y mis análisis no pertenecen al ámbito de lo milagroso. Son consecuencia de la lectura y meditación que hago entre las cuatro paredes de esta celda virtual. Asunto prosaico como puede deducir: horas y horas haciendo codos ante libros e informes, y posaderas magulladas en sentadas interminables. Salvo por las charlas que mantengo con usted, pertenezco al etéreo mundo de lo simbólico, por lo que, sin necesidades mundanas que solventar y con todo el tiempo del mundo para dedicarlo al maravilloso vicio de pensar, puedo permitirme llamar al pan: pan, y al vino, vino. De ahí la mordacidad y mala uva que me atribuyen los que reciben mis puyas, para regocijo de los lectores de su columna.

•

Defiendo lo que deduzco como verdad, salvo que alguien me señale que estoy en un error, momento tras el cual procedo a cualquier rectificación, sin que, por ello, me duelan prendas. Como Machado cuando, en "Campos de Castilla", señalaba la libertad de sus pensamientos y palabras, yo también puedo decir: "... *Con mi dinero pago, el traje que me cubre y la mansión que habito, el pan que me alimenta y el lecho donde yago... Y al cabo, nada debo...* "Complementan los versos anteriores la primera frase que puede leerse en "Juan de Mairena": "*La verdad es la verdad, dígala Agamenón o su porquero*". Palabras y estrofas en clarísima oposición moral a lo que propugna el relativismo, asqueroso manantial de quienes anhelan seguir con la cabeza metida en un pesebre, satisfacer su ambición, recibir sinecuras o encubrir su mediocridad engañándose a sí mismos. Esos nunca podrán estar de acuerdo con las palabras del poeta. En la diversidad de sus empeños, ¡siempre tienen amo! Unas veces es la propia ambición quien le impele a renegar de sus convicciones más íntimas, para conseguir el miserable premio de la lisonja huera o el poder puntual. Otras veces, sujetos al clientelismo político o económico, se mantiene genuflexos ante quien les proporcionó la prebenda o le hizo hueco ante el pesebre. Otras, en fin, brujulean y chaquetean para capear el temporal que se deriva de su falta de criterio o de la oscuridad de sus intenciones. Y junto a ellos, como soez cohorte, los envidiosos. Tan numerosos y peligrosos como los anteriores, no dudan en cruzar la raya de la estulticia para enlodar o minusvalorar el trabajo de los demás. Trabajos y esfuerzos que, fuera de sus mediocres posibilidades, acaban señalándolos como la zorra de la fábula hiciese con las inalcanzables uvas: Están verdes!

El Mundo. 13 Febrero 2006. Ed de Huelva

EL RINCON DEL FRAILE
JUAN M. BORRERO

Demografía y pensiones (I)

(Texto)

Contra la costumbre de recibirme bajo el dintel de la puerta de su celda, fray Gerundio permaneció sentado ante su mesa, repleta, como casi siempre, de papeles y libros. Como ve -anunció, mientras me mostraba tanto el último informe que sobre demografía había editado el Instituto Nacional de Estadística, como el análisis que del mismo elaboró un departamento universitario- indago sobre el envejecimiento de la población, tema del que discutimos hace semanas, y que tanto pareció preocuparle. Y, a decir verdad – continuó- que usted llevaba razón. Mi carácter virtual, puro divertimento literario como me califican algunos de sus colegas, me hacía difícil entender lo que los cambios poblacionales derivados de la edad supondrán para el futuro económico de la sociedad. Recuerde que, contra su idea, yo consideraba una bendición (achacable a los avances de la medicina y, aunque algunos lo duden, a la mejor calidad nutricional) que en 2005 apareciesen censados 8941 españoles de mas de cien años; y, lo aún más curioso, que, en el año anterior, sólo se hubiesen producido 2323 defunciones entre los elementos del grupo, lo que supone una relación de uno

159

a cuatro. De esa relación sorprendente deducen los demógrafos y sociólogos que el índice de mortalidad entre los elementos del estrato no es tan alto como todos intuíamos para personas de tan provecta edad. Asimismo, a pesar de que las mujeres tienen una esperanza de vida casi siete años superior a los hombres, solo la cuarta parte de las defunciones del grupo de centenarios correspondía a los varones y las tres cuartas partes a las hembras, presentándose, de nuevo, una curiosa anomalía para los elementos de ese estrato poblacional. Las cifras asustan - continuó, mientras limpiaba sus antiparras- Las proyecciones estadísticas predicen que, de persistir las tendencias y estas parece que no vayan a modificarse en unas decenas de años, alrededor del 2050 nuestro país superará, ampliamente, el millón y cuarto de personas con más de noventa años, de las que casi sesenta mil superarán los cien. Como puede ver, equivale a multiplicar, como mínimo por seis, los números actuales.

●

Con ser preocupantes las proyecciones para ese estrato, lo son mucho más si se incardinan en el estudio global. La vida media en nuestro país se sitúa en 75,25 años para los hombres y en 82,16 para las mujeres. Las cifras nos colocan en el pelotón de cabeza mundial en cuanto a longevidad, a pesar de que dos hechos ocurridos en el siglo pasado (la pandemia de 1918 y la guerra civil 1936-39) aún siguen alterando los valores medios del estudio global. Los cambios son tan bruscos que el índice de vejez (relación entre mayores de 64 y menores de 15) si en 1981 era del 44%, en el 2001 ya se situaba en el 107 % y sigue subiendo aceleradamente, debido, entre otras causas, a nuestra bajísima tasa de natalidad. Contra lo que algunos creen, ni siquiera el aporte que supone la inmigración, en franco descontrol, nos va a sacar del atolladero, y mucho menos -como ya le explicaré en otra columna- supondrá sino un levísimo alivio ante la debacle socioeconómica que nos espera, de no tomar medidas drásticas y urgentes.

El Mundo. 20 Febrero 2006. Ed de Huelva

EL RINCON DEL FRAILE

JUAN MANUEL BORRERO

Demografía y pensiones (II)

(Texto)

Apenas llegué ante la puerta de su celda, fray Gerundio me señaló la silla que, invariablemente, ocupo durante nuestras charlas. Demostrando su impaciencia por retomar la conversación que sobre demografía habíamos iniciado el pasado lunes, ignoró los preámbulos con que se iniciaba mi visita y dijo: Los datos poblacionales que usted resumía en su última columna, de no corregirse con urgencia, suponen la voladura a no muy largo plazo del sistema público asistencial, como han avisado recientemente desde la Comunidad Europea. El grueso del sistema -seguridad social más pensiones- no es un maná que cae de las nubes en el país de jauja. Nuestro modelo, a diferencia de otros, es de los denominados de reparto. En estos, las cotizaciones y aportaciones a la caja común no se destinan a fondos de inversión que, puestos en el mercado de capitales, de forma periódica y acumulada, generan los recursos (suma de principales, plusvalías e intereses) que cubrirán las futuras pensiones de los que cotizaron. Nuestro sistema es más simple: las aportaciones de los elementos activos del sistema se destinan a pagar de forma puntual no solo la asistencia sanitaria, sino

162

las pensiones de los que han acabado su vida laboral. Ello implica que las pensiones que se cobran en cada ocasión dependen de las cotizaciones de los activos laborales de cada momento. El sistema, hasta ahora, ha ido malviviendo ya que la relación de activos y pasivos se ha mantenido en límites tolerables. Por otro lado, dado que la vida media ha ido creciendo, el número de años en que se reciben las pensiones casi se ha duplicado en las últimas décadas. Dicho en castizo: con tal índice de vejez (47 % en 1981; 107% en 2001, y acelerando) cada vez un menor número de cotizantes debe hacer frente al pasivo generado por un cada vez mayor número de receptores, a la vez que estos, por vivir más años, generan mayores pasivos. Y, contra lo que algunos opinan y a ello dedicaremos una próxima columna, la incontrolada inmigración que padecemos solo supondrá un alivio temporal al sistema.

●

Por si este asunto no fuera él solito capaz de apuntillar el invento, la demagogia de algunos políticos obliga a sacar de la hucha de los que han cotizado las pensiones de los que no han puesto un duro en la misma. Tales ayudas no deben salir de la caja de quienes, pensando en sus pensiones futuras, llevan toda su vida laboral tratando de rellenarla. Los mínimos solidarios que fije la razón y la justicia, deben proceder de partidas y fondos asistenciales, vía Presupuestos Generales. En el colmo de los despropósitos, otros defienden la idea que todas las pensiones, contributivas o no, deben tender a igualarse. Si llegase el momento en que -se cotice o no, o se contribuya más o menos- se recibiese la misma pensión, la economía sumergida crecería exponencialmente, hasta reventar el sistema. Tomen ejemplo de los antiguos países del

163

telón de acero. Como dijo el gallego: "*De sol a sol, siembro el prado, siego la hierba para que paste mi vaca y la protejo. ¿Para qué, si mi vecino, entretenido todo el día en toque de gaitas, me la ordeña, pensando que me hace la justicia de aliviarle las ubres?*"

El Mundo. 27 Febrero 2006. Ed de Huelva

EL RINCON DEL FRAILE
JUAN MANUEL BORRERO

Demografía y pensiones (III)

(Texto)

Llegué a la celda de fray Gerundio provisto de algunas cartas de lectores, preocupados por la situación que, sobre las pensiones, podía tener la demografía del país y el acelerado envejecimiento de su población. Muchos tienen la esperanza de que la tasa de natalidad (ahora sobre 1,3 aunque en algunas comunidades esté en el 0,9) suba por la masiva emigración que estamos recibiendo -le dije - Y es cierto -replicó- aunque ni en la medida que algunos esperan, ni con la posibilidad de salvar el sistema de pensiones. La emigración supondrá, a lo sumo, colocar un cataplasma a lo que, si no se pone urgente remedio, puede ser una situación terminal. La media de hijos en la emigración legal, es, en este momento, varios puntos por encima de la nacional. Quienes suponen que este número será constante en el futuro, lo que en pocos decenios estabilizaría, de nuevo, el índice de vejez, no se dan cuenta que, como ya ha podido verse en Francia, la segunda generación de emigrantes, inmersa en nuestro modelo (estructuras productivas ajenas a su cultura, escasez de espacios habitacionales, trabajo de ambos cónyuges, escasísima ayuda familiar etc), irá adaptando el número de sus hijos a las condiciones del entorno, lo que igualará a las nuestras sus tasas de natalidad. Tampoco piensan, y no es moco de pavo, en los recursos que habrá que detraer de otras partidas (en nuestro país ya empieza a notarse) para atender el exceso numérico que la reunificación familiar impondrá al sistema, en temas vitales como el asistencial y el educativo.

●

La falta de integración de ciertas culturas y religiones y la presencia masiva de sus elementos en sectores laborales de menor capacitación, mantendrán, en esa segunda generación y si no se remedia en las sucesivas, guetos de altísimo gravamen social. Los costos asistenciales y de paro al que, por supuesto, tendrían derecho los cotizantes y sus familias alcanzarán cifras exorbitantes. Asimismo, y por desgracia, los peligros para la seguridad nacional derivados del inevitable choque cultural serán palpables, como, no hace mucho, ha podido verse en países de nuestro entorno. Y esto, en el caso de que la emigración sea legal. De la ilegal, muy extendida y a la que no se le pone coto, más vale no hablar. Quienes creen que esto es *jauja* debían entender la imposibilidad de ofrecer solidadridad indefinida desde sistemas, como el nuestro, en evidente peligro de colapso, no sólo por sus contradicciones intrínsecas sino por ese exceso solidario. La emigración, como aprendieron en propia carne nuestros paisanos en Alemania, si no se regula y controla, es el germen de la destrucción del propio sistema al que se pretende acceder. Dense los incrédulos una vueltecita por Europa y traten de conseguir algún acto asistencial (médico o de otro tipo) sin ir provistos de la documentación que certifique el derecho a ese acto o que garantice el cobro de los servicios solicitados. ¡Verán que risa les da! Y es que, desgraciadamente y aunque nos duela escucharlo, las habas son escasas y está todo inventado. Sólo cabe, como ya se ha empezado a hacer en otros paises, aumentar los años para el cálculo de las pensiones y retrasar la edad de jubilación.

El Mundo. 6 Marzo 2006. Ed de Huelva

EL RINCON DEL FRAILE
JUAN MANUEL BORRERO

Carnestolendas

(Texto)

En franca contradicción con los ascéticos usos monacales, fray Gerundio me ha sorprendido en mi última visita al iniciar una conversación sobre los fastos carnavalescos, seguramente impulsado por las procaces canciones de las murgas que se situaban bajo el ventanuco de su celda. Seguro de que su interés nos llevaría a una erudita discusión sobre los orígenes de las carnestolendas, recordé la tradición recogida por el Arcipreste de Hita en El Libro del Buen Amor en la que, allá por el siglo XIV, se describía la batalla entre don Carnal - representante de los placeres mundanos- y doña Cuaresma –guardiana del recato y la moral-, que habría de terminar con los excesos del primero para dar paso al ascetismo penitencial determinado por la segunda. Si Juan de la Encina, por aquella misma época -continué-, ya cantaba las actitudes mundanas de don Carnal (*"Comamos y bebamos y cantemos y folguemos que mañana ayunaremos..."*), en el comienzo de la cuaresma (miércoles de ceniza) los ritos cristianos recordaban la vacuidad del origen y del destino del hombre (*"Memento homo, quia pulvis es et in pulverem reverteris"* - Recuerda que eres *polvo y en polvo te has de convertir-*). No en vano y como hecho clave que separaba el final de los fastos y excesos de la época carnavalesca de los ayunos y expiaciones penitenciales por venir, el populacho medieval, en medio de música y jolgorio, acompañaba hasta una de las puertas de sus amuralladas ciudades a las meretrices que hacían coyundas y negocios carnales en las casas de lenocinio, expulsándolas de forma simbólica, e indicando de esta manera la renuncia a la fornicación; por parecidas razones, en algunos lugares, corrían idéntica suerte las barraganas del bajo clero, muy extendidas en la época. Tal como deducen algunos especialistas y en perfecta sintonía con todo lo anterior, la palabra carnaval derivaría de *carnisprivum* o de *carnislevamen*, términos que proclaman en su etimología las cercanas privaciones carnales.

●

Habría que remontarse mucho más atrás del siglo XIV para buscar las raíces de estas fiestas -contestó- Como muchos otros rituales, algunos especialistas señalan su origen en efemérides astronómicas. Para unos, representarían el cambio del invierno a la primavera, momento en el que se consumían las provisiones invernales como antesala de los ritos que propiciaban la fertilidad y abundancia primaveral. Otros, probablemente más certeros, los vinculan a las Saturnalias romanas, fiestas paganas en las que el populacho usaba de máscaras y disfraces para asistir a actividades públicas musicales y teatrales, asociadas a comilonas y, lo que es más importante, con inversión de los comportamientos y de las jerarquías sociales. Este mismo sentido reaparece en fastos similares del Renacimiento italiano; en la veneciana plaza de San Marcos, poco antes de la llegada de la primavera, el

169

público lujosamente ataviado y oculto tras máscaras, participaba en actividades musicales y lúdicas, que se cerraban con pantomimas teatrales de índole mitológica. En fin –concluyó- el eterno vaivén entre los placeres mundanos y el ascetismo interior.

El Mundo. 13 Marzo 2006. Ed de Huelva

EL RINCON DEL FRAILE
JUAN MANUEL BORRERO

Los panes de la Gallizo

(Texto)

Trataba de explicarle a fray Gerundio lo cáustico que -para la sociedad, algunas organizaciones y, sobre todo, para la clase política- eran las letrillas de carnaval, cuando me interrumpió diciendo: No me es necesario esperar a tiempos de carnestolendas para gozar del humor crítico y la mordacidad de las canciones de chirigotas, cuartetos o comprarsas. Ni siquiera necesito acudir a la final del Gran Teatro o a la de algún pueblo de la provincia para solazarme en el humor. La imbecilidad, la burricie y la estulticia están tan extendidas que, para carcajearme -la mayoría de las veces por no llorar, lo reconozco- me basta leer la prensa diaria. Vea usted -continuó, mientras me mostraba una fotografía recogida por un periódico- el *papelón* de la señora que aparece con unos panes en las manos. Se trata de doña Mercedes Gallizo, directora General de Instituciones Penitenciarias, quien, en su visita a la cárcel almeriense del Acebuchal, anunció -a bombo y platillo, medios gráficos incluidos- la puesta en marcha de una panadería, que, no sólo permitiría que algunos internos se ganasen el sueldo, sino que aumentarían sus posibilidades futuras de reinserción a través del

171

aprendizaje del oficio. Benemérito propósito -tercié- Sí, sí pero déjeme acabar, porque esto se parece mucho a lo que, en épocas previas a la Expo de Sevilla me contó un trianero sobre el Puente del Cachorro. Resulta que, desviado el río Guadalquivir por su brazo exterior, se aprovechó esta circunstancia para construir el citado puente en el ramal interior. Como primero se hizo el puente y luego se hizo pasar el río bajo su estructura, la *guasa trianera* lo bautizó como *el puente de los leperos*, en clara referencia al histrionismo que algunos chistes atribuyen a nuestros paisanos.

●

La Gallizo- continuó tras recuperar el resuello- ha hecho algo perfectamente equiparable, pero de esperpénticos resultados, ya que, al menos, en Sevilla el río acabó pasando bajo el puente. En un claro derroche de previsión e inteligencia, nadie se preocupó de calcular los costes de la dichosa panadería y ahora resulta que, haciendo un pan como unas hostias, como reza el dicho popular, comprar el *idem* fuera de la cárcel es muchísimo más barato que si el proceso se hiciese dentro. Como gastos tan magros no pueden ser asumidos, aquella representación de diciembre pasado –trompetería incluida, ya que se habló de inauguración oficiosa- es mucho más chirigotera que cualquiera de los popurrís y pasodobles que usted invoca. Incluso, el evento no se distinguiría del común de la farsa carnavalesca porque, a posteriori y en consonancia con el *tipo*, se ha sabido que las hogazas de la foto eran de pega. En el colmo de los despropósitos, algunos dudan que la instalación eléctrica hubiese soportado tan rentable como benemérita industria. Según se comprobó en la reciente visita de un jerarca del ramo, y fue recogido por la

172

prensa, «era necesario desconectar el alumbrado del recinto para iluminar la salida, ya que si se encendía esta se bajaban los diferenciales de los patios» -Y dando por conclusa la tertulia, masculló:- ¡Válgame el cielo!, ¿será de cuota la señora?

EL RINCON DEL FRAILE

JUAN MANUEL BORRERO

Desbandada

(Texto)

El espectáculo proporcionado hace unas fechas por las diputadas de la progresía, abandonando el hemiciclo ante unas palabras de Zaplana, ha dejado al fraile anonadado. «¡Coño! -exclamó- Se dan por ofendidas porque se le haya recordado a la vicepresidenta el disfraz con que nos ha deleitado en su periplo africano, y no les da por rasgarse las vestiduras cuando uno de los cofrades del PSOE -el ínclito Durán, exconcejal en Aracena por más señas- le toca el culo a una *julai*, increpa duramente a otra que salió en su defensa, y acaba siendo condenado por la justicia por tan heroico evento -Y continuó- Una vez producido su cese o dimisión, en vez de la lapidación que cabría esperar a manos de tan indignadas sensibilidades, se le premió con un nombramiento a dedo, para que pudiera permanecer gozando de las prebendas del pesebre oficial y su peculio no sufriera en demasía. Tampoco parece que se sintieran muy ofendidas al enterarse, vía prensa canallesca, cómo no, lo que nos ha costado el periplo. Al parecer, entre fastos, estancias y viajes (disfraces, bailes en discotecas e invitaciones incluidas) el gobierno Zapatero ha invertido en este viaje

174

más dinero que el que España destina anualmente a Kenia y Mozambique para ayuda al desarrollo. Asimismo, que sepamos, ni la *Vice* ni el personal del gineceo que la acompañaba hicieron ascos a la presencia de Wangari Mathai, que si bien es referente en la defensa de la tala indiscriminada en la selva africana, no es menos conocida por la defensa de la castración femenina, incluida, según la susodicha, en el corazón y la cultura de su tribu. Aprovechando alguna parada en sus lúdicas actividades, bien hubiese podido nuestra circunstancial embajadora hacerle ver a la excelsa representante de los kikuyu que si mala es la tala de la selva africana, no lo es menos la tala indiscriminada de clítoris. En fin, que si para celebrar estos fastos de la feminidad paritaria se hubiesen desplazado a Kabul y hubiesen aprovechado para reclamar la igualdad de las huríes de aquellos lares, lo hubieran hecho cobijadas en los burkas y sin levantar la voz, no fueran a cabrearse quienes pudieran obsequiarle con una fatua, o Moratinos las declarase contrarias a la Alianza de Civilizaciones».

●

«Por si fuera escaso el *paripé* escenificado en la celebración de estos fastos de exaltación feminista, los teóricos de la progresía han acudido a la figura de Clara Campoamor, sin percatarse de que el PSOE de la segunda República la tuvo por una de sus mayores enemigas, ya que, desde posiciones ideológicas lerruxistas, consiguió el derecho al voto femenino. Sí. Oyen bien. Prieto, Margarita Nelken y Victoria Kent, la flor y nata del socialismo de la época, consideraba una traición al espíritu republicano el reconocimiento del derecho de voto para las mujeres, como cualquiera puede ver, consultando el

175

diario de sesiones de las cortes o la prensa de la época. Pero, ¿qué más da tan grave tergiversación y apropiación indecente de personajes y hechos, si la mayoría de españoles anda escaso de conocimiento histórico? Mientras la desbandada femenina de los escaños la publicite la tele, todos contentos.-Y concluyó:- ¡Apaga y vámonos! »

El Mundo. 27 Marzo 2006. Ed de Huelva

EL RINCON DEL FRAILE
JUAN MANUEL BORRERO

Llegar a los cien

(Texto)

Tras los disgustos que los avatares de la política nacional le han deparado las últimas semanas, en mi postrera visita encontré a fray Gerundio más animado y dicharachero que de costumbre. Tras interesarse por los fastos de la pasada vigilia sambenitera, recayó la conversación sobre un paisano andevaleño que, aquellos días, acababa de cumplir cien años . «De nada sirve llegar a los cien -dijo- si la cabeza anda trastornada o la postración física nos obliga a depender en exclusiva de los demás». Pero, como dicen por estos pagos, esas son habas contadas -respondí- ¡Desgraciadamente! Aunque el problema de las infecciones hace tiempo que quedó resuelto con la aparición de los antibióticos, las enfermedades degenerativas aumentan rápidamente, relacionadas, como dicen algunos, con los problemas alimentarios y medioambientales - Y sin dejarme intervenir, en su estilo más puro, preguntó sin esperar respuesta:- ¿ Ha oído usted hablar de la nutrición ortomolecular? Si Hipócrates, considerado por todos padre de la medicina, ya sentenciaba cuatrocientos años antes de Cristo *que tu alimento sea tu medicina y que tu medicina sea tu alimento*, indicando la relación entre salud y alimentación, Alexis Carrell, Nóbel en 1912, venía a confirmar tan antigua idea cuando escribía: *"si los médicos de hoy no se convierten en los dietistas del futuro, los especialistas en nutrición de hoy serán los médicos del mañana"* »

●

No obstante la permanencia de la idea a lo largo del tiempo, el término *Medicina Ortomolecular* lo usó por primera vez en 1968 otro Premio Nóbel, Linus Pauling, en un artículo publicado en el Journal Sciencie, definiéndolo, grosso modo, como el estudio de las alteraciones de salud susceptibles de ser corregidas por altas aportaciones de los principios activos, presentes en los alimentos naturales – Y, tras tomarse un respiro, continuó:- Si la medicina del segundo tercio del siglo veinte tenía como dogma científico que la aportación vitamínica debía hacerse a dosis bajas ya que dichos principios no pasaban de ser simples catalizadores en las reacciones orgánicas, algunos estudios, basados en las espectaculares concentraciones de ciertos tipos de estos principios activos en animales, animaron a los investigadores a aumentar las dosis ofrecidas a las muestras humanas, obteniendo singulares resultados: la vitamina E ingerida a dosis regulares a lo largo de dilatados periodos temporales, proporcionaba una sobreprotección a las enfermedades cardiovasculares; la vitamina C ofrecida en concentraciones similares a las encontradas en las muestras animales, ofrecían beneficiosas correlaciones en enfermedades degenerativas, cánceres de diversos tipos, retrasos en el envejecimiento…». Sin dejarle seguir, pregunté: ¿Desde cuando le ha dado a usted por las medicinas alternativas?

— La próstata, hijo, ¡la próstata! Mis alifafes mingitorios me han obligado a la búsqueda de remedios que, salvo pasar por el quirófano, ni la edad ni la medicina tradicional me ofrecían. Y, aquí me tiene usted –concluyó, entre risas- tratando de llegar a los cien, a base de vitaminas, yerbajos y potingues de idéntico calibre.

El Mundo. 3 Abril 2006. Ed de Huelva

EL RINCON DEL FRAILE
JUAN MANUEL BORRERO

Chequeos

(Texto)

Al hilo de nuestra última tertulia, en la que fray Gerundio se quejó de los alifafes de la vejez, hoy le he instado a prepararse para una próxima cita galénica ya que, el Servicio Andaluz de Salud, ha comenzado a publicitar una campaña en la que ofrece a toda la población andaluza mayor de 65 años un chequeo médico gratuito. « ¡Joder! -exclamó, contraviniendo con el palabro lo esperado de su condición eclesiástica- A juzgar por algunas noticias, he llegado a creer que las dolencias que padezco son consecuencia, no tanto de mis años, como de mi carácter virtual. Fíjese en esa paisana de más de setenta años, algunos más que yo, como sabe, casera de un *chorvo* de cuarenta, que, observada por éste con ojos de cordero degollado, intentó beneficiarse de sus entrepiernas, en forma asaz violenta y libidinosa, consecuencia, sin duda, de la largueza temporal en que anduvo domeñando sus instintos. A pesar de que en el juicio el *maromo* declaró haber libado y aspirado material de grueso calibre, la planta y el buen ver de la *julai* debían ser evidentes para despertar tales apetitos. Dudo, pues, de la necesidad de que esta señora se acoja a los chequeos de la Andalucía imparable, cosa que, por el contrario y a despecho de la menor edad y el restringido uso que le ha inferido mi condición conventual, sí necesita mi próstata con urgencia. Idénticos y salutíferos estados -continuó, sin dejarme intervenir- debemos colegir de la vistosidad con que aparecen en Canal Sur algunas viejas glorias de la farándula; incluso aquellas que, con evidentes ayudas hormonales y más de un pase por el quirófano para estirarse el pellejo, se permiten distraer a morenitos de juventud probada y paquete exuberante.

●

No siga por ese camino - interrumpí- que conozco lo procaz de su verbo en relación con la lujuria. Si le dejo, acabará pareciéndose a los clérigos que tan bien retratara Boccaccio en el Decamerón. No, amigo, ¡no! He tomado el camino del humor por no mandar al carajo, siquiera sea por desahogo, a quienes tratan de que comulguemos con ruedas de molino. Me malicio que la promesa, como aquella otra que auguraba habitaciones individuales para todos los enfermos hospitalizados, solo trata de obtener réditos publicitarios, primero, y políticos después. Pronto será un evanescente recuerdo en el baúl de la memoria, aunque quede la impronta de *hito social* en la de los mentecatos. ¿Acaso no se han preguntado la mayoría de los sindicatos sanitarios dónde están los geriatras que posibiliten tales servicios? ¿Acaso no se han lamentado de que los impulsores del plan ni siquiera hayan consultado con los profesionales, únicos que conocen la capacidad real y, por tanto, las posibilidades de los servicios? Excepto el sindicato cofrade de los proponentes, que, al parecer, no ha dicho *esta boca es mía*, el resto lo tiene claro: con las dotaciones de personal actuales es imposible dar cumpli-

181

miento a la promesa. Por tanto, -concluyó, mientras se dirigía al mingitorio- a despecho de mis urgencias en mejorar el lamentable estado de tan preciado órgano, aún queda buen trecho para que, *motu propio*, las arcas públicas se preocupen del tacto real de este frailuco.

El Mundo. 10 Abril 2006. Ed de Huelva

EL RINCON DEL FRAILE
J.M. BORRERO

Gato por liebre

(Texto)

Llegada la Semana Santa y con ella el asueto vacacional, la ausencia de prisas junto a la placidez del clima andevaleño me han permitido disfrutar de conversaciones con el fraile, más largas y enjundiosas que de costumbre. Olvidados, por ahora, tanto sus alifafes de salud como aquellos asuntos políticos que tanto alteran su estabilidad emocional, ha vuelto al redil del análisis pausado, pero mordaz, que siempre caracterizó sus pensamientos y silogismos. Ante mis divagaciones sobre la falta de cultura y criterio de esta sociedad consumista, se dirigió a la estantería y, abriendo el diccionario de la Real Academia, leyó: Criterio: 1; Norma para conocer la verdad. 2; Juicio o discernimiento - Y, tras cerrar el volumen, continuó:- Ha puesto usted el dedo en la llaga. No puede existir criterio donde la falta de cultura impide la presencia de referentes en los que encuadrar las normas. La ausencia de juicio o discernimiento, que, como inferimos de la propia definición, no es más que uno de los subproductos de la indigencia cultural, nos lleva a aceptar como normal la relativización que, de cualquier cosa, hacen los vendedores de humo. Y, esto - concluyó- no sólo referido a em-

183

baucadores políticos sino a otros, que copiando de estos, también tratan de darnos gato por liebre.

●

Véanse los ejemplos que estos días nos trae la prensa sobre nuestro compatriota Santiago Sierra y sus performances, que algunos enterados, creyéndonos imbéciles, tratan de hacerlos pasar por el sumum de la expresión artística contra el sistema. Ora quema litros y litros de combustible en medio de unas chabolas, para dejar una artística huella en el terreno; más tarde cierra con un artístico muro de ladrillos el pabellón de España en una Bienal; luego tatúa artísticas líneas en las desnudas espaldas de unas prostitutas, en el Reina Sofía para más inri, o contrata a unos cubanos para que, artísticamente, como no, se masturben en público.... Y por fin, su obra maestra: rememorar en Pulheim, cerca de Colonia, una cámara de gas dentro de una sinagoga, sometiendo a los que visitaban el montaje a una elevada concentración de dióxido de carbono, lo que hacía imprescindible para contemplar tan magno acontecimiento pertecharse con la correspondiente mascarilla. A pesar de tanto y tan evidente talento, los judíos, ayunos en materia artística como todo el mundo sabe, han pedido el veto para tan gozosa alegoría y hasta el nóbel húngaro Imre Kertesz, quien, por desgracia, sabe algo del nazismo, se ha manifestado contra la idea. Pero, apoyados en la generalizada falta de criterio, los vendedores de humo, no cejan. Uno ha señalado la valentía de nuestro estrafalario compatriota "porque con sus obras se aleja de todo ritual"; otro, le señala como "desenmascarador de hipocresías, luchador contra el sistema, y burlador de la gente de orden a la que fustiga sacándoles la lengua". Como pueden comprobar los versados en

184

lógica aristotélica o, al menos, no hicieran la LOGSE, concluyentes razonamientos para glosar el arte del maromo. -Y finalizó:- ¿Pensarán estos zurupetos que quienes escuchan no han visitado el Prado, contemplado alguna catedral o el Moisés de Miguel Ángel?

El Mundo. 17 Abril 2006. Ed de Huelva

EL RINCON DEL FRAILE
JUAN MANUEL BORRERO

El Judas

(Texto)

Acompañado de un amigo, aproveché la soleada mañana del pasado sábado para hacer una visita a la celda de fray Gerundio. Provisto del último CD que, auspiciado por un importantísimo centro comercial, la Banda Municipal de El Cerro había grabado en Sevilla, quizá por la calidad del trabajo o por la fecha en que estábamos, enhebré la conversación sobre los temas cofrades que el disco incluía. El pasado día uno -dije- en Santa María de Gracia, frente a esta celda, se interpretaron la mayoría de las piezas que se incluyen en el disco que, para su deleite, ahora le regalo. «Aunque mi presencia -replicó, consternado- es una imposibilidad metafísica dado mi virtual existencia, no crea usted que anduve huérfano de las delicias del concierto. Entre estas cuatro paredes el sonido era perceptible y pude vibrar con cada una de las intervenciones. No sé si aprovecharía usted su presencia en el acto para felicitar, en mi nombre, a Isabelo Serrano, el director de la Banda, y a alguno de sus amigos de "*Voces del Andévalo*", el magnífico grupo vocal cerreño resucitado para la ocasión.»

●

Nuestra conversación quedó interrumpida por la atronadora pitada de una caravana de vehículos, el primero de los cuales, al decir de nuestro acompañante tras asomarse por el ventanuco de la celda, portaba un extraño monigote sobre su baca. ¡Es uno de los Judas que podrá contemplar, colgado en alguna de nuestras calles, hasta el atardecer! -exclamé- Y como nuestro amigo mostrase signos de desconocimiento y sorpresa, el fraile explicó: «Hoy es sábado de gloria y, aunque puedo certificarle lo antiquísimo de la costumbre, no sabría decirle porqué en algunas zonas del occidente cristiano se celebra la resurrección con casi veinticuatro horas de antelación. Hace años, los oficios religiosos de este día comenzaban sin repique previo de campanas ni de ningún otro instrumento metálico. La llamada a los fieles se hacía con un curioso artilugio de madera, la matraca o carraca, que provista de ruedas dentadas, producía un sonido sordo y seco cuando los monaguillos hacían girar su estructura desde lo alto del campanario. Pues bien,- dijo en un claro intento de sintetizar sus explicaciones, vista la impaciencia que comenzaba a mostrar nuestro interlocutor- tras las ceremonias del cirio pascual y llegada la entonación del *Gloria in excelsis Deo*, se producía el repique anunciador de la resurrección. Era entonces cuando el populacho había de vengar la traición de Judas, tiroteando, quemando y arrastrando su esfinge, que, en forma de monigote, grupos de cofrades y asociaciones artesanales, confeccionaban a lo largo de la mañana. En nuestro pueblo aún perdura la tradición, de la que puede usted encontrar rastros documentales en la novena carta, escrita en Sevilla por José María Blanco White en 1806, e incluída en su obra "Letters from Spain". Desgraciadamente —concluyó, lamentándose- la costumbre ha sufrido tales alteraciones que, algunos, mostrando su desconocimiento o mal gusto, confeccionan el monigote con ostentosos atributos carnales, como sí en la historia que se rememora la cuestión básica fuese el tamaño de los genitales del apóstol.»

El Mundo. 17 Abril 2006. Ed de Huelva

EL RINCON DEL FRAILE
JUAN MANUEL BORRERO

Paridad

(Texto)

Apenas traspuse el dintel de su celda, fray Gerundio se dirigió a la ventana, abriéndola de par en par. Luego, en tono socarrón y mientras trataba de concentrar los sonidos acercando su mano a la oreja, me preguntó; «¿oye usted el clamor popular, que hace semanas un ministro señalaba como fuerza motriz de la ley de paridad femenina? - y, sin esperar respuesta, continuó:- A riesgo que confundan lo que digo, cosa bastante común cuando se discrepa de lo políticamente correcto o, simplemente, se detiene uno a analizar las consignas de la trompetería oficial, creo que la ley recién aprobada es un parche que sólo busca pescar votos en los caladeros femeninos. La mejor prueba de su inconsistencia es la falacia que han debido pergeñar para hacerla digerible a bobalicones e indocumentados. Sin ir más lejos, hace unas semanas, un medio cercano al gobierno señalaba en un titular: "A igualdad de trabajo, la mujer gana, de media, un 40 % menos que los hombres". Como hoy la mayoría del paisanaje tiene como único entrenamiento intelectual el solazarse con los programas de Canal Sur o Gran Hermano, por señalar algunos ejemplos paradigmáticos, la afirmación, como otras cosas que no menciono por pudor, cuela sin necesidad de vaselina. Si por contra, usted, aunque no haya hecho el bachillerato anterior a la LOGSE, es capaz de razonar con lógica, se planteará la pregunta del millón: Si, como empresario, dispone de dos opciones laborales, que realizan el mismo trabajo y, en consecuencia, proporcionan la misma rentabilidad, ¿escogería la que le supone un mayor coste? La respuesta es obvia: ¡No! Con menores costes y a idéntica rentabilidad, siempre se escogería a mujeres, lo que se traduciría en una menor tasa de paro para este sexo, contra lo que ocurre en realidad.

●

El problema es otro. El mercado de trabajo, si no prevé problemas derivados de la condición femenina, trata a los trabajadores de ambos sexos con igualdad. Para comprobarlo, basta ver el estudio de Kanazawa (publicado en el *Journal of Economic Phichology* -2005- con datos extraídos de la *General Social Survey* de la Universidad de Berkeley). Sólo en caso de que dicha condición pueda alterar la rentabilidad empresarial, aparecen las discrepancias salariales. Por tanto, es la sociedad quien debe valorar si esa condición femenina (maternidad, fundamentalmente) hay que primarla con fuertes ayudas económicas. Cargar a las empresas con cupos o costes demagógicos, no hace sino distorsionar los procesos productivos y la competencia. Y tan falsa es esa pretendida superioridad en los salarios masculinos que, cada vez más y para el caso de la existencia de hijos en la pareja, uno de ellos se especializa en la acumulación de recursos (en función del mercado y de la formación previa, cada vez este rol lo ocupan más mujeres), y el otro se ocupa del

190

cuidado de los hijos, con inclusión parcial en el mercado de trabajo. Ya lo dijo aquella: ¡Es mi marido quien *avía* los pucheros, y a mi me sienta como una patada en la entrepierna que piensen que mi permanencia en un puesto de responsabilidad empresarial es por motivos de cuota y no por méritos personales!

El Mundo. 1 Mayo 2006. Ed de Huelva

EL RINCON DEL FRAILE
J. MANUEL BORRERO

Pícaros

(Texto)

He mancillado la soledad de fray Gerundio mientras se solazaba en la lectura de "Rinconete y Cortadillo". Antes de atenderme, sin explicación alguna, aunque de su comportamiento y de su sonrisa irónica deduje que en nuestra tertulia habrían de relacionarse la más rabiosa actualidad y los pícaros cervantinos, en alta voz leyó un párrafo del texto que tenía entre las manos: "... *Día de juicio hay, donde todo saldrá en la colada, y entonces se verá quién fue Callejas y el atrevido que se atrevió a tomar, hurtar y menoscabar el tercio de la capellanía...*". Osé preguntarle a qué venía tan docta cita y, sin tomar resuello, explicó: «La prensa de estas semanas no es otra cosa que la descripción del patio de Monipodio en que se han transformado estas tierras del Sur. Aunque dejaremos para mejor ocasión la basura acumulada en la política municipal, sin que justicias, corchetes o alguaciles se hayan preocupado de poner coto a los impúdicos y múltiples pillajes realizados, al hurto y menoscabo al que me refiero hoy es el relativo a los continuados fraudes que está sufriendo la Seguridad Social. Véase el pufo descubierto hace unos días, en el que un jerarca del gremio de pícaros engrasaba el talego de algún inspector médico para conseguir de éste declaración de invalidez para sus pupilos, quienes, pasaban, de golpe y sin merecerlo, a integrarse en la cofradía de perceptores de sopa boba, con cargo a los maravedises del reino. Y es que, aunque como se decía en el texto, conocemos, en este caso, a quienes se atrevieron a tomar por asalto el *tercio de la capellanía*, del tal *Callejas* no se conocen ni los rastros. La desidia y el descontrol han sido tales que, como le dijera Cortado al estudiante, tras afanarle los escudos y reales de a dos de su faldriquera, "*lo que yo sabré decir desa bolsa es que no debe estar perdida, sino que vuesa merced la puso a mal recaudo*"»

●

«Casos hay en que el peticionario, arrastrando sus desgracias, enfermedades e impedimentos, tras pasar por el tribunal y ser decretado inválido, pareció recibir la gracia de quedar limpio de sus achaques. Desvencijadas vértebras quedaron incólumes de la artrosis y pudieron prescindir de garrotes o sillas de ruedas; locuras y depresiones mutaron el prozac por el tintorro, e incluso algún cegato pareció recuperar la vista con el juego del dominó. Como bien dice Antonio "*el Lobo*", su compañero en la búsqueda de espárragos por los montes andevaleños, "*la Seguridad Social, a la hora de curar inválidos, es más milagrosa que la Virgen de Fátima*". Incluso, –continuó choteándose- datadas están las curas de auténticas epidemias. Hace años, dicen las malas lenguas que, ante la necesidad de desprenderse de trabajadores, se desató en una empresa gaditana una epidemia de sordera; consecuentemente a tan repentina plaga, los afectados desfilaron ante los tribunales médicos, obteniendo muchos de

193

ellos el marchamo de sordo oficial, tras lo cual, la venta de audífonos y pirindolos volvió al más estricto orden estadístico. Tales extremos alcanzó la historia –concluyó-, que algunas letrillas de carnestolendas, al igual que hiciesen las medievales *Cántigas a Nuestra Señora*, inmortalizaron el milagro»

.

El Mundo. 8 Mayo 2006. Ed de Huelva

EL RINCON DEL FRAILE
JUAN M. BORRERO

Retorno a Pachamama

(Texto)

Tras una corta visita a los lugares colombinos, aproveché mi última conversación con fray Gerundio para comentarle los cambios habidos en la zona. Los cultivos bajo plástico y las nuevas tecnologías agrícolas- dije- no sólo han cambiado la fisonomía de algunos pueblos sino, lo que quizás sea más importante, sus estructuras económicas. Desgraciadamente, todo lo contrario de lo que está ocurriendo en algunos países de la América Latina que tuvieron su origen por estos pagos -interrumpió inopinadamente. Y sin darme posibilidad de réplica alguna, antes de continuar exhibió una carta, remitida desde la ciudad boliviana de Oruro por un fraile de su misma orden- No es que estén volviendo al siglo pasado sino que añoran el regreso a la época precolombina. Entendería que, controlasen y retomasen el control de sus recursos con arreglo a normas jurídicas claras, que garantizasen las inversiones que tanto necesitan, y a la búsqueda de un desarrollo sostenible que permitiera a las comunidades indígenas incorporarse a la cultura y beneficios del presente siglo. ¡Pues, no! Los movimientos sociales y políticos que ahora prosperan, fomentados por la indigencia intelectual y el antiamericanismo de Chávez, marchan

195

en sentido contrario a la historia y a la razón. ¡Válgame Dios! –exclamó mientras comenzaba a desdoblar el texto de la misiva- que, si no le diese toda la credibilidad a mi hermano de congregación, pensaría que lo que atribuye a David Choquehuanca, ministro boliviano de relaciones internacionales, eran viles infundios.

●

« Fíjese -dijo tras darse un respiro- que responsable político de tan alta cualificación, no dudó en aseverar ante la prensa que *"la coca tiene tal valor nutritivo que puede sustituir a la leche que se reparte en el desayuno escolar"*. En línea paralela, anunció que *"hemos decidido no leer más libros, para empezar a leer en las arrugas de nuestros abuelos"*, o *"si mandamos a nuestros hijos con habas tostadas, sus dientes serán más fuertes y no será necesario que vayan donde los dentistas"*. Tales perlas culturales no son más que las concreciones de algún documento por él elaborado en el que se decía: *"...estamos avanzando en la lucha por hacer vigentes nuestros usos y costumbres ancestrales y recuperar nuestras formas de vida..."*. Según reconoce, sueña con ser un *yatiri* (líder espiritual y curandero) y no un *laica,* porque estos deben *picharar* (limpiar el cuerpo) a base de medicamentos y no de productos nacidos de la generosidad de la *pachamama*. En fin -concluyó pesaroso- que, como dice mi comunicante, se está abriendo paso una mezcla de postmarxismo de opereta, indigenismo rencoroso y supina ignorancia, que no sabemos como acabará, aunque, como también se critica en un reciente artículo de un conocido economista hispano, un periódico francés, le Nouvel Observateur, lo haya calificado, desde la orfandad ideológica que la caída del muro trajo a la progresía europea, como

196

giro a la izquierda de los movimientos latinoamericanos. Y, nuestro gobierno, mientras tanto y con la expropiación de Repsol más que cantada, templando gaitas y condonando deudas con el dinero de todos los españoles.»

El Mundo. 15 Mayo 2006. Ed de Huelva

EL RINCON DEL FRAILE
J. MANUEL BORRERO

El pasaporte

(Texto)

Apenas llegué a su celda, usando un tono entre mordaz y bufo, preguntó el fraile: ¿Ha solicitado usted ya el pasaporte andaluz? –y continuó:- Tras el plácet a la nación catalana, se ha abierto el portillo de "*tonto el último*" y ahí tenemos a los próceres de este Sur de nuestros pecados defendiendo lo que les parecía absurdo hace pocos meses. No dudo -prosiguió-, que, con el dinero de nuestros impuestos, tratarán de convencer al paisanaje con el burdo sofisma que puede sintetizarse en la frase "para no ser menos que los catalanes, hagamos lo mismo". Echen un vistazo a los textos y vean que ese mal plagio del Estatut que ahora se ha aprobado sin consenso en Andalucía, no sólo deconstruye el Estado, única garantía de solidaridad, sino que nos hará cada vez menos iguales en derechos. ¿Qué clase de financiación global esperamos y cómo pueden garantizarse fondos de solidaridad si aquel determina su financiación con cupos mejorados, indexado con el PIB, con cesiones discrecionales etc, y aquí será proporcional a la población? Las muchas naciones que se esperan y otras que, para no ser menos, se declararán reinos de taifa o cantones independientes, tratarán de arrimar el ascua a su sardina en la cuestión de las pelas. La nación suevo-gallega, por ejemplo, podría legislar que su financiación sea proporcional a la densidad de nécoras o centollos capturados en las costas, o la guanche-canaria lo haría utilizando como parámetro la densidad por m^2 de fumarolas volcánicas. Si a la imposibilidad metafísica de conseguir un instrumento de financiación a la carta que garantice la solidaridad, sumamos la aparición de agencias tributarias propias, relaciones bilaterales con el Estado en cada caso, blindaje de competencias, imposibilidad de casación en las normas jurídicas por la presencia de tribunales superiores de justicia en cada territorio y otras zarandajas de no menor calibre, me malicio la anorexia a la que llegará el estado y, sin necesidad de consultar las cabañuelas, la persistencia y el tamaño del granizo que acarreará tanto dislate.

●

«Lo malo -continuó, tras un respiro- es que ya proliferan los primeros sarpullidos del etnicismo y de la confrontación. Vean la polémica desatada a cuenta del habla de tres pueblos cacereños (As Ellas, Valverde do Fresno y San Martín de Trevello) que los del BNG consideran un dialecto del gallego (y, por tanto, con derecho al mangoneo en su esencia y colateralidad), y la Junta Extremeña que defiende sus competencias, dictaminándolo como "*dialecto derivado del tronco común del galaico-portugués, con raíces asturleonesas*". Ópera bufa, continuación de otros episodios etnicistas no menos esperpénticos, como el protagonizado por el Gobierno de Vitoria buscando "*las raíces del cerdo vasco, raza autóctona de EuskalHerría, emparentada con guarros extintos, como el chato vitoriano o el cerdo baztanés*". Con estos mimbres,

199

¿puede esperarse solidaridad en pensiones, en infraestructuras o en el reparto del agua? ¡Vaya sacándose el pasaporte! –Y concluyó:- Como al paso que vamos todo bodrio sería posible, no sabría aconsejarle si le convendrá hacerlo en el cantón andevaleño, en la taifa de Niebla, en la realidad territorial tartésico-onubense o en el califato andaluz.»

El Mundo. 22 Mayo 2006. Ed de Huelva

EL RINCÓN DEL FRAILE
J. MANUEL BORRERO

Enseñanza

(Texto)

Esa triste sensación de impotencia que arrastramos quienes nos dedicamos a la enseñanza, la trasmito a menudo a fray Gerundio a lo largo de nuestras tertulias. Aunque, casi invariablemente, acaba por sentenciar que la paupérrima situación de nuestra enseñanza no es sino la cosecha de la Logse y el nihilismo social que la propició, hoy me ha sorprendido entregándome un documento, que recoge la reciente intervención de un colega, el catedrático de Instituto Orrico Martínez (autor del libro "La Enseñanza Destruida"), ante la Comisión de Educación del Senado. En el texto -dijo- se ponen claramente de manifiesto las dispares concepciones de la enseñanza. Frente a los ideólogos de la LOE -la misma nómina, corregida y aumentada, de políticos y pedagogos que nos obsequiaron el bodrio anterior-, Orrico representa la voz que clama en el desierto. Frente a la comprensividad y al constructivismo, relea lo que dice su colega: " *la comprensividad lo corrompe todo porque para evitar la diferenciación que llevaría a caminos distintos, impide los exámenes y la exigencia, haciendo innecesarios el estudio y el conocimiento; es decir, todos las cosas que inevitablemente seleccionan pero que también aleccionan (...) ¿Saben sus señorías que la Logse estableció que los conocimientos no eran importantes? (...) Hay que enseñarles en el aula que lo que hayan de obtener en la vida será solo gracias a su trabajo (...) Eso sí es educar en valores y no insinuarles que ningún esfuerzo es necesario para nada.¡Los valores no se predican, se practican!* ". Y refiriéndose a la nueva ley que nos proponen: " *...insiste en aquello que sabemos probadamente fracasado, las mismas recetas, el mismo planteamiento falsamente pedagógico, el mismo paternalismo, la misma estafa a las clases populares, la misma inanidad de ese lenguaje melifluo, mezcla de tecnocracia y santurronería que habla de calidad y equidad sin saber lo que significan"* .

●

Y en réplica a un antiguo Consejero de Educación de la Junta Andaluza (que insistía en la necesidad de mayores medios para acabar con la desigualdad) contestaba: "*Nunca tuvimos tantos medios, y nunca fue peor la enseñanza (...) Usted cree que la educación consiste en dar al alumno, y es al revés, consiste en que él sea capaz. No tenemos que conseguir que él supere, tenemos que conseguir que él consiga superar (...) Nadie les ha hecho entender nunca que al aula se va a trabajar(...) ni siquiera tienen asumido que los actos tienen consecuencias (...) Los hijos de familias favorecidas, donde hay estímulo al estudio y al trabajo, son los que sobreviven; y los pobres son los que se fastidian. Eso es profundamente reaccionario e indignante (...) Soñábamos que la enseñanza fuera el camino de la redención social; contra el origen, contra la circunstancia: que redimiera. (...) Han destruido la fe en el conocimiento, en la cultura y en la verdad. Los valores*

202

están ahí, y no en hacerles prédicas ni en mandar psi-
cólogos y pedagogos que digan: vamos a implementar
adaptaciones curriculares..." Al comprobar mi estado de
ánimo, cada vez más alterado, detuvo la lectura y concluyó:- ¡Cuide sus emociones cuando lea el texto completo!

El Mundo. 29 Mayo 2006. Ed de Huelva

EL RINCÓN DEL FRAILE
JUAN MANUEL BORRERO

La nueva Amazonia

(Texto)

En una de mis últimas visitas a su celda, aprovechó fray Gerundio para ilustrarme sobre un personaje andevaleño por el que siempre sentí cierta curiosidad. «Don Cristóbal Vázquez, cura ecónomo de la parroquia de Santa María de Gracia al final de los años veinte del pasado siglo, era un personaje singular -principió a explicarme-. Hijo de una conocida familia cerreña, tras estudiar en Sevilla y Salamanca acabó recorriendo los parajes y cortijadas de su parroquia a lomos de caballería, para atender espiritualmente, y en algunos casos físicamente, a su grey. A despecho de la tozudez bondadosa que le señalan las crónicas, su figura permanece indeleble en la tradición popular como autor de la frase *"Faldas arriba y pantalones abajo"*, pronunciada al inicio de un acto religioso multitudinario, no para incitar a orgiásticas actividades como algunos hoy podrían suponer, sino para indicar a la feligresía femenina que debía ubicarse en la cabecera del crucero del templo y la masculina en la parte trasera del mismo».

●

Esa ancestral costumbre de separación por sexos, que, hasta hace poco, no era sino un recuerdo anacrónico de curas trabucaires y decimonónicos como don Cristóbal, ha vuelto a ser resucitada por la señorita Fernández de la Vega, secretaria judicial ascendida a la magistratura a la grupa del momio y la bicoca del "cuarto turno", consentidora silenciosa del pago de fondos reservados con destino a trujimanes del GAL y, ahora, desde su puesto de vicepresidenta, paladín a ultranza de los usos y costumbres que, al parecer, regían en la mítica Amazonia —me explicó pausadamente, utilizando un tono, mezcla de regodeo y mordacidad- Y es que —continuó-, no contenta con la discriminación positiva que suponen las listas cremallera que auspician desde el gobierno para ámbitos variopintos (uno, una, uno, una..., independientemente del mérito o las cualidades de cada persona, y atendiendo sólo al nivel de progesterona o testosterona de los participantes), ahora aprovecha la más mínima ocasión (la última: la cena ofrecida a la presidenta chilena Bachelet) para convocar e invitar, en exclusiva, a lo más florido del gineceo patrio. Sí. Oyen bien. Lo mismo que en las reuniones de los tíos de los turbantes, *"ende que talmente al revés"*, como dijo el paleto. Si allí las huríes valen la mitad de los varones, y por eso están excluidas de las actividades públicas, aquí, no porque la Biblia enrede en la valoración comparativa de coños y cipotes, sino por graciosa decisión de doña María Teresa, los que sobran son los hombres, no vayan a contaminar y mancillar con su presencia la quietud beatífica del gineceo, o perturben las exclusivas actividades neuronales del bello sexo, suponemos. No me sorprende, viniendo de manos de la adláter del biministro que urdió el engañoso bodrio de la captura de Roldán por el laosiano capitán Khan, en colaboración con el muerto-resucitado Paesa. – Y concluyó, solazán-

205

dose con sus palabras-: ¡Dios! Con la incorporación de un émulo de Bruce Lee y con tanta pela de los fondos reservados en paradero desconocido, ¡que remake del "Tercer Hombre" ha perdido Almodóvar!

El Mundo. 5 Junio 2006. Ed de Huelva

EL RINCÓN DEL FRAILE
JUAN MANUEL BORRERO

*Vámonos
'p'al Rocío'*

(Texto)

Encontré al fraile ante la pantalla del ordenador. Mire -dijo, entre carcajadas- Estos de la progresía, aunque algunas de sus hazañas puedan ser objeto de fundadas críticas o, lo que llega a ser más denigrante, sirvan de choteo al paisanaje, no dejan de maravillarme con sus epatantes ocurrencias. Allá en el Norte, aprovechando que don Favila (hijo de don Pelayo, primer rey cristiano que inició la Reconquista en Asturias) fue muerto en una cacería por el ataque de un oso (lástima que haya que descender al detalle -se lamentó-, no vayan a creer los de la Logse o sus promotores que el personaje fue futbolista del Oviedo), los muy ilustres socios del Ateneo Republicano han institucionalizado una romería laica en Cangas de Onís, viandas y sidra incluidas, para conceder, con carácter retroactivo, supongo, el título de *republicano y regicida ejemplar* al oso de la leyenda. Aquí, en ausencia de plantígrado y a pesar de los palos que era previsible les atizasen desde todos los ángulos, Cejudo y sus adláteres de la Diputación han montado posada (con cargo a nuestros impuestos, faltaría más) en el Rocío. Como es previsible que sus intenciones no contemplen intercalar rezos, comuniones u otros actos píos entre las actividades que se desarrollen, debemos colegir que, en beneficio de sus cofrades y para agasajo y deleite de la futura clientela, la cata del jamón de Jabugo en finas lonchas, el sabor marinero de las gambas de Huelva y el cante por sevillanas sean las auténticas razones de inversión tan acuciante como necesaria.

●

«Si Cejudo quiere ir de romería, le proponemos una muy concreta. Con charré o sin él, acompañado o no en el pescante de algún tránsfuga local que, previsiblemente, acabará en sus filas en las elecciones municipales, el simbólico palenque romero debe situarlo ante el esqueleto de un esperpéntico edificio que se levanta en la calle Castillo de El Cerro de Andévalo. A lo mejor tiene que pasar de las sevillanas al *quejío*. Tras decenas de años (la mayoría de ellos con coincidencia de sus siglas en el poder político municipal, provincial, autonómico y nacional) sus cofrades y los que, desde el chaqueterismo, tienen todas las papeletas para serlo en el futuro, ofrecen como garantía de su gestión el cadáver insepulto de un edificio, destinado en su día a institución geriátrica y, ahora, inequívoco ejemplo de inutilidad y despilfarro. Entre rebujito y loncha de jamón, debía solicitar algún informe sobre el índice de vejez de esta población y la recomendación de los expertos sobre la relación entre éste índice y el número de plazas geriátricas que los poderes públicos debían ofertar. De paso, analizar el efecto que la apertura de dicha institución tendría para la tasa de actividad de un pueblo con uno de los mayores índices de paro de la provincia. Es en proyectos como éste, y no en el Rocío, donde deben gastarse los dineros públicos. ¡El jamón y las gambas a escote de los beneficiarios! Pero

–concluyó, quejumbroso- ¿qué gestión cabe esperar de alguien cuyo Ayuntamiento, del que es regidor y responsable, aparecía, a fecha Agosto de 2005, como moroso de la Seguridad Social y en un *tris* de recibir la visita del cobrador del frac? »

El Mundo. 12 Junio 2006. Ed de Huelva

EL RINCÓN DEL FRAILE
JUAN MANUEL BORRERO

Una de indios

(Texto)

La imbecilidad y la estulticia no tienen límites -me espetó el fraile. Sabiendo que sus palabras respondían a las reacciones habidas tras mi última columna, mencioné, de nuevo, la ocurrencia de Cejudo al plantar posada en el Rocío, a costa de nuestros impuestos. Elevando el tono de voz, continuó: -Viendo que el resto de grupos políticos se oponían frontalmente a la decisión, que su impopularidad comenzaba a afectar la confianza de sus cofrades, que la prensa criticaba o, lo que era más indignante, se choteaba del invento y que el paisanaje no entendía gasto tan inútil, el *gabinete de crisis y reciclajes* hubo de urdir, urgentemente y dirigido a comulgantes con ruedas de molino, una beatífica interpretación: aquella sería la casa de todos. Con un listado de hermandades e instituciones provinciales y cuarto y mitad de medallas para imponer, pensaron camuflar la idea inicial. Tal como en El Beaterio de Santa María Egipcíaca, que señalara Gala en su obra sobre las "Arrecogías". Aunque sin santa, sin beaterio y las *arrecogías* transformadas en palmeros que, con su presencia, sirvieran de coartada. Vano intento. De la forma, la rapidez, la metodología en las convocatorias y en los convocados se infería la chapuza. Lo insólito de muchas invitaciones (a través del teléfono y solicitando confirmación de la asistencia con absoluta premura), la escuálida nómina de políticos de fuste (permaneciendo el resto al margen del desatino), la presencia masiva de *mindundis*, chaqueteros y fauna afín, y, sobre todo, la trágala que para el laicismo de los promotores suponía la imposición de medallas en un acto mariano, movía al estupor y la carcajada. Escenificaban (sin duda Berlanga podría haberla incluido en La Escopeta Nacional), la transmutación de la posada del jamón y la gamba en asilo de solidaridad peregrina.

●

Si bien algunas instituciones pudieron acudir en base a la buena fe, otras no han hecho más que amontonar albarda sobre albarda. Hace años, una representación de la Hermandad de San Benito de El Cerro de Andévalo acudió a la Diputación con los atavíos tradicionales, al objeto de repartir el dulce y acompañada del Alcalde. Al decir de Pepe Cascarilla, figura central del evento, Cejudo ni se dignó saludarlos. Confundiendo a los mayordomos con el rey y la dama de copas y al lanzaor con la sota de espadas, los ignoró con recochineo, demostrando así el reconocimiento que concedía a la Hermandad más antigua de la provincia. Ahora, a pesar de que la invitación era para hacer bulto y servir de coartada, a cambio de cuarto y mitad de medalla, un tanto de rebujito y el bigote de una gamba, se han prestado al vasallaje ante quien, otrora, tan claramente mostrase lo que importaban San Benito y sus tradiciones. Y, en ambos eventos, la figura del Alcalde. *Ninguneado* en la primera ocasión por haber movido la peana del *factótum* local, cofrade dc Cejudo, en ésta segunda mostraba su agradecimiento ante quienes parecen asegurarle un puesto en el pesebre político tras el cambio

211

de chaqueta. Que el personaje se retrate, no es extraño. Allá él. Lo malo es que la Hermandad haya hecho el indio con su servilismo. ¡Nunca creí que se pudiera caer tan bajo!

El Mundo. 19 Junio 2006. Ed de Huelva

(Texto)

Esperaba impaciente su visita para que, como aficionado a la filatelia, me informase del alcance que ha tenido entre el paisanaje andevaleño el asunto de la inversión en sellos – me espetó fray Gerundio- Para ser sincero -contesté-, no puedo proporcionarle noticia cabal del asunto. Si se diese credibilidad a los dimes y diretes que circulan por los mentideros, la nómina de afectados y el monto del pufo podría adquirir, aquí y en otros pueblos de la comarca, la categoría de catástrofe. Y no debe andar muy errado el *runrún* popular si se tiene en cuenta la proliferación de oficinas abiertas y la frenética actividad en la captación de fondos. En un pueblo costero, por citar algún ejemplo del marketing y la propaganda que se gastaban, la presentación de la compañía inversora en bienes tangibles se celebró con una sardinada que, por su volumen, acabó en el libro Guiness. Y todo, claro está, con el señuelo de recibir intereses o dividendos por encima de la realidad bancaria. Le reconozco, no obstante, que el asunto es de mayor complejidad que la de los timos tradicionales, ya que los propios representantes y trabajadores de la red de oficinas van, me temo, a salir igual de escaldados que los inversores que ellos mismos captaron. Cuando se trata de salvaguardar los ahorros no cabe sino seguir la máxima *"el ojo del amo engorda al caballo"*. El inversor en filatelia debe conocer la existencia de catálogos especializados, que señalan, aproximadamente, el valor de cada sello. Luego, los expertos, tras comprobar el centrado, el dentado, la existencia o no imperfecciones, tipo o ausencia de matasellos, la amplitud de la tirada, la destrucción de planchas y otras características de no menor importancia, determinan su valor exacto. Quien aceptaba como artículo de fe la valoración que las propias empresas de captación le señalaban, tenía muchas probabilidades de ser *carne de cañón*. Los compromisos que, al parecer, siempre se abonaron, responden a un sistema piramidal, en el que es necesario la continua incorporación de elementos en la base del negocio. Si los que tratan de salirse del sistema aumentan o el mercado empieza a saturarse (los nuevos incorporados responden, en su número, a una progresión geométrica) el *negocio* se va al traste.

●

Como guinda, gravísima por otra parte, los organismos gubernamentales de control han hecho de "*don Tancredo*" y ahora tratan de acallar su mala conciencia con promesas de ayudas, tan etéreas y metafísicas como los dividendos que un día les ofrecieron. Recuérdese que el gobierno Aznar había elaborado una ley sobre inversiones colectivas (la 35/2003), cuyo reglamento debía haberlo desarrollado el actual, cosa que no hizo. También se eternizó el expediente abierto a la auditora de Afinsa por neglicencias, y ante el aviso de una Organización de Consumidores de que la aseguradora inglesa que cubría los riesgos, temiéndose el pastel, había hecho *mutis por el foro*, nadie desde la oficialidad alertó a los inversores ni paralizó la debacle. Como se ve, una gracia que, si Dios no lo remedia y los activos son los que publica la prensa, acabará acarreando gravísimas pérdidas a los inversores, e, incluso, la puntilla para solventes grupos de coleccionismo.

EL RINCÓN DEL FRAILE
JUAN MANUEL BORRERO

Pasquines

(Texto)

El término pasquín -me ilustró el fraile- procede del nombre de la estatua de Pasquino, que, a partir de 1509, ocho años más tarde de ser erigida, paso de ser uno de los múltiples elementos arquitectónicos de las calles romanas a tener un curioso uso: intelectuales y críticos con las estructuras sociales y políticas o, simplemente injuriantes anónimos, pegaban en su peana escritos satíricos, libelos políticos, memoriales de agravios o los dimes y diretes que corrían por el magín de la plebe.

Dada la multiplicidad de escritos que allí solían acumularse, debían ser de pequeño formato y escaso texto. El método sólo era adecuado para espíritus mordaces e ingeniosos: a través de la brevedad de una frase o sentencia, canalizaban la crítica y la transmisión de sus ideas. Como se ve, ¡un trabajo de inteligentes para inteligentes y no como ahora! -se lamentó antes de mostrarme un pasquín que, editado por un partido político, junto a la foto del líder, reclamaba la inclusión del término «nación» en el estatuto andaluz-. Mire -continuó- según mis noticias, esta cartelería está empezando a llegar a los más recónditos lugares y debe haber costado un pastón, a pesar de

216

que el editor, según datos de prensa de no hace mucho, está entrampado hasta los ojos. Y me extraña que alguien siga financiando el dispendio del partido, ya que, ayuno de poder y sin ninguna esperanza de conseguirlo, los bancos y cajas no suelen condonar créditos e intereses a quienes anden alejados de los boletines oficiales. Bajo el lema: " Andalucía, nación, le interesa", no hay más que engaño y/o imbecilidad. Algo así como un slogan para escasos neuronales, ya que en el fondo, quiere decir: "si ya ha empezado Cataluña, ¡tonto el último! Sí, amigo mío. Lo contrario de lo que, para la inteligencia, significaban los antiguos pasquines romanos.

●

«Vamos directo al precipicio de los taifas. En esta locura, como ya se han empezado a plantear en Alemania, lo sensato no es apuntarse a la disgregación sino unificar la ley, la educación, la fiscalidad y la economía en todo el Estado. Es eso y no otras zarandajas lo que hace a los ciudadanos iguales y libres. Convendría preguntar al del pasquín y a quienes apoyan el texto estatutario : ¿cómo piensan distribuir los recursos del Estado en base a vaiables heterogéneas? (En Cataluña al PIB, en Andalucía a la población, en Extremadura ¿ a la producción de belloas?...). ¿ A quién perjudicará la distribución, si el proceso, necesariamente, ha de ser de suma cero? ¿ Cómo se obligará a añgunos a financiar la solidaridad si están en plano de igualdad con el Estado? ¿Que beneficio sacaremos de todo este dislate y quien lo considerará prioritario?
—Para no extendernos en demasía, deberían releer, mil veces, lo expuesto en un diário económico (no precisamente de la cuerda de quienes se oponen): "El mosaico

217

de legislaciones fiscales, laborales, comerciales, de transporte, de etiquetado y urbanísticas constituirán una asfixia intervencionista y burocrática".

—Apenas comience el baile legislativo de los parlamentos taifas, sólo podremos esperar la deslocalización de empresas, la insolidaridad, los conflictos competenciales, el paro y la debacle económica. ¡Tiempo al tiempo!

Por variadas razones, sobre todo de índole personal (al año siguiente se produjo mi paso a la política local y mi concepto de la ética me impelía a no usar la columna en el periódico como un trampolín de lanzamiento), EL RINCÓN DEL FRAILE se cerró el 3 de julio de 2006, con mi última aportación, que, como no, había de llamarla con un conocido término teatral : MUTIS.

El Mundo. 26 Junio 2006. Ed de Huelva

EL RINCÓN DEL FRAILE
JUAN MANUEL BORRERO

Mutis'

(Texto)

He encontrado al fray Gerundio en un inusual estado de abatimiento. Desde que supo que. durante el verano, el necesario descanso y otros problemas personales me forzaban a finiquitar las tertulias con las que tanto nos solazábamos y que, a la postre, servían de base a los textos de esta columna, ha caído en una extraña melancolía. A pesar de la importancia y actualidad de algunos asuntos, que jamás hubiese dejado pasar sin someterlos a la mordacidad de su análisis, está preso de la ociosidad y el desinterés. Echaré de menos sus visitas y sus columnas -dijo, con voz trémula y por todo comentario, apenas llegué esta semana a su celda andevaleña- No crea usted que soy ajeno a esos sentimientos -y para darle ánimos, continué:- Es el eterno mito de Cronos, en el que el tiempo devora a sus propios hijos. No somos más que figurantes, sin importancia la mayoría de las veces en el teatro de la vida; circunstancialmente aparecemos en alguna parte del proscenio, para después hacer mutis por el foro. Las colaboraciones esporádicas de hace más de un año, a través de la sección, Tribuna Libre, acogieron en este medio mis reflexiones e ideas con total libertad. Poco tiempo después eran su figura y la de este convento virtual quienes, semanalmente, centraban los textos que comenzaron a aparecer en El Rincón del Fraile. Lo que se inició como un esporádico juego de ideas se ha ido transformado en una tarea cuasi-profesional, que, al forzarme a nuevas y mayores obligaciones, necesita de un replanteamiento de distinta índole a las relaciones iniciales.

Afortunadamente, no ha sido escasa la cosecha. A un rico anecdotario personal, con muchas más luces que sombras, se unció una pléyade de lectores (sin que, desgraciadamente, tuviese medios para cuantificar su número) que nos seguían con convicción y que a través de e-mail o personalmente, me transmitían sus palabras de aliento. "*Que fray Gerundio no deje de decir lo que dice, ni cómo lo dice*", -escribía uno- " *No se calle. Pero, por favor, no use palabras rebuscadas. Me obliga usar, el diccionario cada vez que leo su columna*" –decía otro-. En el fondo, nuestra tertulia no tenía otra intención sino situar a los vendedores de humo frente al espejo huero y vacío de sus mensajes. No hacíamos sino zaherir a quienes traicionan sus propias convicciones por un plato de lentejas No hacíamos sino ridiculizar a algunos prebostes en su ignorancia, no por tal desgracia (disculpable en muchas ocasiones) sino por ignorar que lo eran. No hacíamos sino criticar a quienes trataban de transformarse en guías tuertos de plebes ciegas. Por el contrario, en el lado opuesto, no podían faltar los que hicieron del ultraje la fuerza de su razón. A estos, en su nombre, siempre que pude les hice llegar la máxima con la que desarma usted a sus enemigos: "*Acabe con los insultos y empiece con los argumentos, ¡si es que los tiene!*" -Dando por conclusas las explicaciones y sin, dirigirme a él, concluí riendo:- Todo esto, como consecuencia de. que la larga lengua de un fraile virtual y desvergonzado ha transformado a su contertulio en pieza a. cobrar, aunque de lomo bastante más duro de lo que algunos suponen.

ÍNDICE